MARIA
IMAGEM DO FEMININO

Helene Hoerni-Jung

MARIA
IMAGEM DO FEMININO

Tradução
PHILIP PAUL HÜNERMUND

EDITORA PENSAMENTO
São Paulo

Título do original:
Maria Bild des Weiblichen

Copyright © 1991 Kösel-Verlag GmbH & Co., Munique.

Todos os direitos reservados. Nenhuma parte deste livro pode ser reproduzida ou usada de qualquer forma ou por qualquer meio, eletrônico ou mecânico, inclusive fotocópias, grava-ções ou sistema de armazenamento em banco de dados, sem permissão por escrito, exceto nos casos de trechos curtos citados em resenhas críticas ou artigos de revistas.

O primeiro número à esquerda indica a edição, ou reedição, desta obra. As dezenas
à direita indicam o ano em que essa edição, ou reedição, foi publicada.

Edição	Ano
1-2-3-4-5-6-7-8-9	00-01-02-03-04

Direitos de tradução para a língua portuguesa
adquiridos com exclusividade pela
EDITORA PENSAMENTO LTDA.
Rua Dr. Mário Vicente, 374 — 04270-000 — São Paulo, SP
Fone: 272-1399 — Fax: 272-4770
E-mail: pensamento@snet.com.br
http://www.pensamento-cultrix.com.br
que se reserva a propriedade literária desta tradução.

Impresso em nossas oficinas gráficas.

À memória do meu marido, Konrad Hoerni.
Seu prematuro falecimento fechou uma porta para mim.
Mas, como um presente, novos caminhos se abriram.

Sumário

Prefácio 9

O Ícone 11
Introdução

A Concepção de Santa Ana 23
Um encontro fecundo

O Nascimento de Maria 31
Início de vida comum

Apresentação de Maria no Templo 37
Estágios da Vida

A Mãe de Deus – Sinal de que Fala o Profeta Isaías 45
Pronta para o que virá

A Anunciação 51
O ingresso num mundo sagrado

O Nascimento de Cristo 63
Concretiza-se uma premonição

A Mãe de Deus Amamentando 77
Um dom e uma missão

A Apresentação 83
A ousadia da vulnerabilidade

Cristo, o Olho que Não Dorme 93
Sonhar, crescer, tornar-se

O Cristo que Sofre Interiormente 99
A perda do si-mesmo

Ensinamentos da Mãe de Deus 105
Bondade e violência

Deesis – Intercessão 113
Superando desafios

A Mãe de Deus Conversando com João, o Teólogo 127
Inspiração e compromisso

O Pranto da Virgem 135
Luto e solidariedade

As Santas Mulheres no Túmulo 143
Atravessando umbrais

A Morte de Maria 159
Aceitação do natural

A Mãe de Deus, Sarça que Não se Consome 173
Nosso campo de forças mais íntimo

Apêndice 189
Notas
Referências bibliográficas 197
Fontes das ilustrações 199

Prefácio

Este livro não é uma obra científica. Registra experiências, dúvidas e pensamentos. Como tal, é necessariamente subjetivo. Embora tente manter certa objetividade, contém, principalmente, concepções resultantes da análise de material existente e do pensamento de muitas pessoas.

Pode parecer estranho para alguns leitores que eu esteja procurando uma sintonia psicológica com os ícones sagrados da Igreja Oriental. Acontece, porém, que encontrei na psicologia de C. G. Jung uma chave útil que eu tento usar no meu trabalho.

Visto que a teologia ortodoxa não se formula somente com palavras, mas, além disso, com imagens, vejo-me diante da tarefa difícil e algo paradoxal de transformar em palavras mesmo o que não pode ser expresso em palavras que está entrelaçado na imagem.

Minhas interpretações só podem ser sugestões e propostas; espero, porém, que elas, justamente por serem incompletas, animem outras pessoas a fazerem suas próprias buscas; talvez um ou outro me acompanhe no trajeto que vai do fascínio à compreensão. Inevitavelmente, alguma imagem vai falar com ele.

Helene Hoerni-Jung

O ícone

INTRODUÇÃO

O que direi sobre o ícone não parte do ponto de vista da história da arte, nem necessariamente da teologia. Em vez disso, reúne vários pontos de vista. O mundo dos ícones é misterioso e complexo. Neste livro, limito-me à minha preocupação principal: o *sentido* dos ícones.

Tudo o que é interessante saber como, por exemplo, datas, escolas, pintores, etc., o leitor encontrará na respectiva bibliografia especializada. O que menos encontrará são escritos sobre o sentido e o teor dos quadros da Igreja Oriental. Na minha introdução pretendo apresentar alguns fatos interligados e opiniões que estão atrás do fenômeno ícone, na esperança de facilitar ao leitor o acesso às interpretações das imagens que vêm a seguir.

Minhas considerações iniciais devem ser entendidas, por um lado, como um sumário à base de palavras-chave do grande número de obras escritas sobre o tema ícone; por outro, devem demonstrar onde me apóio do ponto de vista psicológico. Portanto, preocupo-me com o sentido e o conteúdo dos ícones, isto é, com seus aspectos teológicos *e* psicológicos.

Meus primeiros contatos com ícones foram por meio de livros e de visitas a museus; até então eu não tinha assistido a nenhum culto da Igreja Oriental. Eis por que na minha busca de sentido e esclarecimentos parto de um *ponto de vista* subjetivo, ainda que falho em muitos aspectos, mas também livre e *extrínseco*. Os meus pontos de partida são os seguintes:

A teologia ortodoxa dá aos ícones o nome de arquétipos. A palavra arquétipo do verbo grego *typto*, que significa bater, cunhar, entalhar. Assim, arquétipo significa cunho original, ou aquilo que sempre existiu. Por definição, os arquétipos têm um caráter definido ou que define.

Se os ícones são imagens arquetípicas, então contêm os padrões elementares do humano e do eterno. Nós perguntamos: que padrões elementares do destino humano e que estruturas fundamentais da natureza e da conduta humanas eles indicam?

Permito-me concluir que nos ícones estão representados também os nossos próprios processos espirituais íntimos que vivemos enquanto nos desenvolvemos e nos posicionamos diante do transcendental. Se, além disso, é correto supor que na base da cada dogma cristão existe uma experiência humana, será preciso perguntar sempre: que tipo de experiência?

Minha preocupação é de ordem prática e não teórica: como pode o homem moderno, onde quer que esteja, aprender a relacionar às situações de sua vida, aos seus problemas e às suas experiências aquilo que os ícones mostram? Ou melhor, como ele se reconhecerá nos padrões essenciais dos ícones? A pergunta que faço é de natureza psicológica e não teológica.

É conhecida a tese de que é bom para o desenvolvimento da criança contar-lhe lendas, pois estas são consideradas a representação inconsciente de eternos conhecimentos humanos. Paralelamente, estou inclinada a ver nos ícones representações mais ou menos conscientes de conhecimentos eternos. Parece-me importante também voltar a demonstrar ao homem, no interesse de sua ordem interna e do desenvolvimento de sua vida espiritual e intelectual, que tipos de ordem os ícones contêm.

Simpatizo com a psicologia analítica do médico e psicoterapeuta C. G. Jung. Ao penetrar no mundo dos pensamentos, dos hinos e dos ensinamentos da Igreja Oriental, detectei alguns paralelos com idéias que ele defendia. Sua afinidade com a imagem, com o símbolo, com a natureza metafórica da linguagem, eu a encontro também na ortodoxia. Raízes comuns também podem ser encontradas nos escritos dos padres da Igreja e não, por fim, na preocupação com a alma das pessoas.

Por exemplo, a teoria, tão importante da Igreja Oriental, de que o homem foi criado à imagem de Deus e a teoria de Jung sobre a imagem interior de Deus correspondem-se no conceito do si mesmo. Na definição de Jung, "O si mesmo é uma grandeza superior ao *eu* consciente. Abrange não só a psique consciente, mas também a inconsciente".[1] Jung vê o ego como o arquétipo central e como o arquétipo da ordem. O si mesmo representa a integridade do homem e pode manifestar-se em imagens tais como o círculo, o quadrado, a mandala, a pérola, a criança e outras. O fato de Jung classificar o si mesmo como "ordenador central" mostra que desta instância, muito íntima e ao mesmo tempo abrangente, partem impulsos vivos, impossíveis de passar despercebidos, talvez comparáveis ao conceito hebraico de *tsemach*[2] que significa: semente, germe, balanço, energia vital, e que também encontrei na ortodoxia.

Jung compara o si mesmo com o espelho que, como um recipiente, capta e reflete a imagem de Deus. "A *imago dei*, a rigor, não coincide com o inconsciente pura e simplesmente, mas sim com um conteúdo especial dele, isto é, com o arquétipo do si mesmo. É deste que nós, empiricamente, não conseguimos mais separar a *imago dei*. Pode-se explicar a *imago dei* como um reflexo do si mesmo ou, vice-versa, o si mesmo como *imago dei in homine*."[3] Idéias muito parecidas também estão por trás de ensinamentos ortodoxos, como explicarei mais adiante.

Jung esboça em linhas gerais o conceito do *arquétipo*, tão importante para o trabalho com ícones, como segue: "O conceito do arquétipo... deriva da observação sempre repetida de que, por exemplo, os mitos e as lendas da literatura mundial contêm certos motivos que sempre e em toda a parte voltam a ser tratados. Encontramos esses motivos nas fantasias, nos sonhos, nos delírios e em idéias geradas pela loucura de pessoas de hoje. Essas imagens típicas... são classificadas como noções arquetípicas. Eles têm... a característica de serem acompanhadas por sentimentos especialmente vivos. São impressionantes, influentes e fascinantes. Surgem a partir do arquétipo, em si inexpressivo, de uma pré-forma inconsciente que parece fazer parte de uma estrutura herdada da psique (semelhante aos instintos). Sua forma... deve ser comparada com o sistema axial de um cristal que pré-forma... a cristalização na água-mãe, sem possuir, ele próprio, existência material."[4]

Assim, deve-se ver no arquétipo uma *facultas praeformandi;* com isso, estabelece-se a tese de que "cada cunhagem pressupõe um cunhador"[5]. Também podemos entender o arquétipo como uma forma de disposição ativamente viva que dirige nossos pensamentos, sentimentos e nosso modo de agir. Jung dá-nos uma bela e, sim, poética imagem quando compara os arquétipos e os seus corolários a um antiqüíssimo leito de rio com uma rica malha de afluentes, em que as correntes vitais sempre pulsaram e ainda continuam pulsando.

É interessante notar que Jung identifica Jesus Cristo como símbolo do arquétipo do si mesmo.[6] Uma hipótese extremamente fecunda que me acompanhará em todas as minhas considerações!

14 MARIA

As sucintas explicações sobre as palavras-chave "si mesmo" e "arquétipo" são suficientes, por enquanto, para as nossas finalidades. Parece-me importante, ainda, que Jung tenha feito todas as suas observações em "objetos" vivos, em pessoas, tanto nas saudáveis como nas doentes.

A idéia e a representação de imagens eternas, sempre características do homem, permitem lançar uma "ponte de idéias" até Jesus. Quando lhe perguntaram por que falava por parábolas, ele respondeu: "Assim, torno público o que o mundo mantém em segredo desde o princípio" (Mateus 13. 35). Portanto, na opinião de Jesus, verdades eternas só podem ser expressas por meio de imagens. Os ícones também nos comunicam essas verdades e realidades.

Ícones são imagens arquetípicas, imagens do original. "As ações que eles retratam desenvolvem-se fora do espaço e do tempo, diante de todos e para todos" —, segundo Paul Evdokimov, um erudito ortodoxo.[7] O sentido dos ícones não está vinculado a lugar, tempo ou qualidade, ainda que esses fatores possam causar modificações nos tipos de imagem.

A palavra grega *eikon* significa: imagem arquetípica, cópia, retrato, sombra, imagem especular. O ícone é considerado sombra ou cópia de um outro mundo, não necessariamente do além, mas, isto sim, de um mundo espiritual. Invisível e inexplicável em si, o ícone transmite-nos imagens, modelos, impulsos, da mesma forma como nós ouvimos falar no arquétipo e das imagens fomentadas por ele. O pintor Paul Klee escreve: "A arte não reproduz o visível, porém o torna visível." Uma constatação que se aplica exatamente aos ícones. Sendo objeto de culto, o ícone faz parte das cerimônias religiosas da Igreja Oriental. Nelas estão reunidos os ensinamentos da Igreja e o efeito psicológico sobre os fiéis. Não é um retrato no sentido da nossa língua, mas transmite a essência espiritual do que está representado — chama-a para nós, por assim dizer. Torna presente uma idéia ou um conjunto de idéias. Para cumprir essa tarefa, o ícone tem de se lapidar e ter forma de esboço; deve comunicar o necessário com parcos recursos.

A base de cada ícone é uma situação humana original, algo profundamente humano e, portanto, eterno.

Ao mesmo tempo, o ícone contém uma mensagem dogmática e formula, com recursos pictóricos, o que a teologia não consegue expressar com palavras. A vinculação a uma situação original, a uma causa e a um determinado texto obriga o pintor a trabalhar em obediência a um esquema prescrito. Talvez possamos comparar essa técnica de pintura com o processo de lacrar. Com efeito, o ícone tem raízes comuns com o lacre. Quem lacra algo, crava a sua própria marca num objeto e, assim, confirma a sua presença. Por isso, muito cedo começou-se a cunhar moedas com a efígie do imperador; exigia-se que as *imagens* do imperador fossem respeitadas como próprio imperador. Por trás disso está crença de que a própria figura representada ou, ao menos, o seu poder está presente na imagem. Em relação aos ícones, encontramos crenças semelhantes. Como "cada definição pressupõe uma pessoa que define" (C. G. Jung), o ícone também vale como expressão de alguma coisa e deve, por sua vez, deixar uma impressão na pessoa que o contempla — no sentido de gerar e trazer algo de volta à memória. Cristo é considerado ícone de Deus; o homem, ícone de Cristo. Um dos primeiros ícones é o chamado *mandylion*, um pano em que Cristo imprimiu o seu semblante, de acordo com lenda de Abgar (um paralelo com o sudário de Verônica).

Como nossa alma contém características arquetípicas que são idênticas ao arquétipo, existe também no ícone semelhança entre a imagem arquetípica e a representação; entretanto, pela sua natureza, elas podem ser diferenciadas — como um selo e uma definição. A produção técnica do ícone assemelha-se a um processo ritual e simbólico. Este me lembra o processo de talhar esculturas de madeira dos primitivos que, para eles, valia como uma oração que se materializava. Abstenho-me de descrever a complicada produção de um ícone; mas gostaria de mencionar que a base da imagem, isto é, a área pintada, é gravada na madeira (na tábua); portanto, produz-se um recipiente. Em russo, esse recipiente chama-se *kovceg*, que significa caixinha, escrínio, arca de relíquias, mas também arca da aliança e arca de Noé: todos símbolos maternos! Como se quiséssemos dar aos acontecimentos espirituais representados um ventre materno para carregá-los.

A técnica pictórica provavelmente remonta à pintura de retratos de múmias dos séculos II a V, encontrados em Fayum.[9] Aqui talvez se situe também uma das raízes espirituais dos ícones. Esses quadros foram pintados com tintas à base de cera. As tintas são aplicadas quentes e, além do pincel, são trabalhadas com estiletes, espátulas, ferros de queimar e colheres. Essa técnica produz, não uma figura plana, mas uma imagem tridimensional. Essas finíssimas propriedades físicas são desejadas e evidentes para o fenômeno ícone, visto que, no caso do sentido e da função dos ícones, não se trata somente de realidades espirituais, mas sempre também da transposição do impronunciável, do inconcebível para tocável — no sentido de uma encarnação. Por isso, os ícones devem ter um atrativo tátil e, como prova a experiência, eles também têm esse atrativo.

Do ponto de vista da história do desenvolvimento intelectual, os ícones estão no limiar entre a proibição de quadros estabelecida pelo Antigo Testamento (proibição da escultura) e o cancelamento dessa proibição na era cristã. Segundo as teses de João Damasceno (século VIII) referentes a pinturas, a proibição de quadros foi suplantada pela encarnação, já que Deus reproduziu a sua própria imagem no homem Jesus Cristo. Parece-me fazer sentido ver nos ícones uma combinação da arte plástica com imagem pura e simples; sobre este assunto, porém, há muitas opiniões divergentes.

Quanto ao aspecto técnico de produção, é importante notar que a imagem não pode desprender-se de sua base, da mesma forma como a cópia não pode fugir do original. O quadro só pode ser pintado em cores originais, visto que elas são marca e garantia da participação no processo de criação. Deus encarna-se por meio de toda a criação. A base inferior é giz branco sobre um pano. Sobre o fundo branco coloca-se ouro (tinta amarela, em caso de necessidade) que marca o caráter sagrado do objeto. O ouro não é considerado uma cor, mas o reflexo do brilho do sol divino; pertence a um outro plano que não o das tintas coloridas.

"A produção da imagem começa depois de uma meticulosa preparação da base, quando se risca o esboço. Isso é diferente de um projeto preliminar; é mais do que um projeto preliminar. Significa a limitação do ilimitado. Pela marcação do contorno, eleva-se algo da inexistência para a existência, do indeterminado para o determinado e limitado pelos padrões humanos; do amorfo para a forma moldada; do transcendental para o que é perceptível pelos sentidos; do intemporal para o temporal. O que antes era invisível e insubstancial, agora tem a sua própria existência. A imagem, portanto, é considerada e sentida como um acréscimo ao que já existia."[10]

No esboço, portanto, o processo começa a tomar forma ou, em termos psicológicos, o próprio plano de vida. É o eterno que começa a alvorecer como uma Epifania. A linha apela mais para a mente (*nous*), a cor, mais para a percepção sensual (*aisthesis*). O pintor começa com o matiz mais escuro. As cores mais claras são aplicadas camada por camada até chegarem às brancas, que brilham nos pontos mais destacados, comparáveis ao processo da conscientização, conforme comentário de Paul Klee: "A luz não fica onde a natureza a coloca, mas ali onde desejamos vê-la como manifesto da espiritualização, onde o espírito e a percepção se condensam."[11] Graças ao grande número de camadas de cores, surge o já mencionado relevo fino.

Para causar impacto sobre quem contempla o quadro, usam-se recursos requintados; assim como, por exemplo, a perspectiva invertida[12] que transforma o observador no observado, pelo efeito da luz que se irradia do ícone. Estes contêm luz em si mesmos. Esse efeito deve-se à base branca de giz que reflete os raios de luz que entram e os devolve, como um espelho, como camadas transparentes de cor. "A luz ou a cor irradiadas colocam o observador numa relação de confronto que não comporta discussão, da mesma forma como um aviso não prevê discussão, mas obediência."[13] Na forma e nas cores há um exagero sugestivo.

Acima de tudo, dizem, o esplendor das cores dos ícones deve provocar alegria. Esta referência à alegria é tão freqüente que cheguei a me convencer de que nela reside um paralelo com a observação feita por Jung de que imagens arquetípicas, quando emergem do inconsciente, sempre têm uma carga emocional que, não raramente, resulta em experiências numinosas.

Agora mais algumas palavras sobre o mundo de pensamentos que está por trás do fenômeno ícone: trata-se, sobretudo, das teses de Dionísio Areopagita, um teólogo do século V ou VI, que não pôde ser identificado com segurança. Só posso esboçar alguns aspectos fundamentais de suas teses, que são essenciais não só para ícones, mas também para a mística cristã em geral. Dionísio examina a questão de saber como "o cosmos puramente espiritual e não perceptível pelos sentidos pode ser explorado no cosmos que se pode captar com os sentidos", eis como ele formula a questão. Esta pergunta, transposta para o meu nível de pensamentos e simplificada, seria para mim: Como se pode sentir, de modo concreto, algo espiritual? Como se transpõe algo de uma dimensão para outra? Qual é a correlação?

Dionísio concebe Deus como uma "divindade superdivina". Vê nele uma "luz divina arquetípica, indescritível". A luz arquetípica é perceptível pelo homem pela "visão" (teoria) e pela "percepção espiritual" (episteme). Dionísio rejeita visões e obras de fantasia.

A desejada percepção espiritual é fruto de uma profunda e consciente análise intelectual.

No sistema do Areopagita, o cosmos espiritual e o terreno estão ordenados hierarquicamente em três grupos. Mais próximos de Deus estão os querubins, serafins e tronos. A informação sobre a "indescritível luz arquetípica" de Deus é comunicada em primeiro lugar às hierarquias superiores dos anjos; estas, por sua vez, transferem-na para as categorias de anjos seguintes. E estes, finalmente, compartilham isso com os dignitários da Igreja que, finalmente, compartilham isso com as pessoas comuns. Nem toda pessoa tem um poder de percepção igual; mas cada um é obrigado, no lugar onde está, a transferir tanto conhecimento quanto adquiriu e quanto o seu próximo pode captar. Cada um conforme a sua capacidade. Todo homem nasceu pertencendo a um determinado nível ou categoria, isto é, numa determinada qualidade de existência. Ele não é responsável por isso; esse é o seu destino. Entretanto, é responsável, isto sim, por evoluir desse nível de existência para categorias sempre mais altas para, assim, aproximar-se de Deus.

Isso corresponde à concepção do Areopagita de que a "luz divina" penetra de cima através de intermináveis camadas de níveis até que, no último nível, as "imagens celestiais arquetípicas" só podem ser vistas pelo homem "como imagens da verdade dificilmente reconhecíveis, ou como sinais enigmáticos dificilmente decifráveis"[14] (Quem não pensaria, neste caso, também em imagens de sonho?). É aqui que os ortodoxos vêem o lugar e a função dos ícones. Eles transmitem, de cima para baixo, as imagens eternas, o cosmos espiritual, e ajudam o homem na sua análise retroativa.

O sistema elaborado por Dionísio não é estático; é dinâmico. Ele descreve a emanação da luz de Deus como "grandioso movimento do Eros divino"[15]. Como sabemos, o princípio de Eros caracteriza-se pelo ímpeto de alcançar a integração, muito ao contrário do princípio do Logos, a quem convém a divisão, o desdobramento. Visto, portanto, que na opinião de Dionísio, algo vindo de Deus pressiona o homem, este também deve voltar-se para Deus. Essa resposta humana ele chama de "retorno". O homem deve refletir como um espelho e devolver o que recebeu em conhecimento.[16] Repetindo: cada um de acordo com os seus limites. Estamos nos aproximando da noção junguiana do ego; ele descreve o si mesmo como o órgão com o qual, à semelhança de um espelho, podemos tomar conhecimento do divino. Graças à percepção e à absorção das imagens enigmáticas, portanto, graças à sua colaboração, o homem é incluído na corrente do Eros que está retornando para Deus e, assim, conduzido para mais próximo de Deus. Cada etapa torna o homem mais semelhante a Deus no sentido da espiritualização. Esta também é a primeira e última meta da fé ortodoxa. O homem deve aspirar à sua semelhança — à imagem de Deus, que lhe foi prometida durante a criação e que ele pode atingir com a ajuda das imagens arquetípicas, das quais toma conhecimento pelas cópias. Um pouco mais modestamente, classificaríamos isso como um esforço para alcançar a integridade — conforme Mateus 5. 48, se substituíssemos a palavra "perfeito" pela palavra "íntegro": "Portanto, deveis ser íntegros, como íntegro é vosso pai celestial." As imagens necessárias neste processo são transmitidas pelo ícone que está no limiar entre o divino e o humano. Ele capta para nós, como uma janela ou uma lente, os raios, as forças e as imagens que fluem e refluem num ritmo de constante troca.

Sobre o conceito de "Deus", Dionísio escreve que a transcendência de Deus não permite querer descrevê-lo em termos materiais. Seria "impróprio" caracterizá-lo com palavras como "luz", porque Ele, ao mesmo tempo, é "não-luz". Coerentemente, Dionísio, chama Deus de "escuridão superiluminada"[17] (uma *complexio oppositorum in se*). Por essa razão, nos ícones, o símbolo de Deus, a *Sphaira*, na maioria dos casos, é pintada em cor escura, e até em preto. Dionísio acha que Deus nunca pode ser compreendido, mas pode ser percebido na medida em que a escuridão absoluta aceita o fato de ser incompreensível, ou seja: "Quanto mais nos aprofundamos no segredo divino, mais incompreensível ele se torna."[18]

Essas são algumas palavras-chave destinadas a facilitar um pouco o acesso ao mundo dos ícones. Mas como permanecem pobres as palavras diante da incomensurável fartura de idéias que fluem dessas imagens!

Quando, nas considerações a seguir, praticamente retiro alguns ícones da parede para contemplá-los de perto, faço-o não sem medo. Não esqueço em nenhum momento onde é o lugar deles; depois de examiná-los, torno a colocá-los em seus lugares sagrados.

Ainda que o nosso relacionamento com os ícones seja diferente do dos cristãos ortodoxos, essas imagens representam também para nós as verdadeiras imagens arquetípicas e, por isso, imagens da salvação. Achamos salutar acrescentar o nosso eu limitado, pequeno e subjetivo, ao grande Eu, objetivo e total demonstrado nessas imagens.

20 MARIA

Eis a voz de um conhecedor do assunto, um médico: *"Quem fala com imagens arquetípicas fala como se usasse mil vozes; ele comove e domina e, ao mesmo tempo, eleva o que ele designa do nível do que é único e efêmero à esfera do que é perene. Eleva o destino individual ao destino da humanidade e, com isso, desencadeia em nós todas aquelas forças benéficas que possibilitaram à humanidade salvar-se de todo o perigo e sobreviver à noite, mesmo à mais longa. (Este é o segredo do impacto da arte.)"*[19]

E a voz de Jesus: *"Todas essas coisas Jesus disse às multidões por parábolas, e sem parábolas nada lhes dizia. Para que se cumprisse o que foi dito por intermédio do profeta: Falo por parábolas. Assim, torno público o que o mundo mantém em segredo desde o princípio."* (Mateus 13. 34-35).

A concepção de Santa Ana

UM ENCONTRO FECUNDO

Começo esta contemplação com algo simpático: um beijo. Vemos aqui Joaquim e Ana, os lendários pais de Maria, beijando-se. Este beijo resultaria na geração de Maria que, depois, tornar-se-ia Mãe de Deus.

Como sempre, grandes acontecimentos projetam suas sombras de antemão; assim também à geração e ao nascimento da Mãe de Deus e da "filha de Deus", que primeiro tem de nascer antes que possa dar Deus à luz.

A lenda que temos de tomar em consideração ao estudar o nosso ícone faz parte do protoevangelho de Tiago, um evangelho apócrifo do século II.[1] Lendas não são histórias comuns, mas transmissoras de idéias alimentadas por muitas fontes — como os contos de fadas. Em linguagem metafórica, fornecem-nos os conhecimentos necessários. Reproduzo aqui, de forma resumida, uma parte da lenda que é transmitida por esse ícone.

O casal Joaquim e Ana não tinham filhos. Esse triste fato magoa Joaquim e deprime Ana. Joaquim sente-se ofendido em seu orgulho masculino, já que, como homem casado sem filhos, não tem o direito de fazer sacrifícios no altar junto com os outros filhos de Israel, ou só pode fazê-lo em último lugar. Ana sente-se inferior por ser estéril e, como tal, excluída do mundo dos vivos; ela se sente abandonada pela bondade de Deus. Sente-se amaldiçoada, difamada e desprezada. Para ambos, a vida parou. Temos aqui a típica situação de quem não consegue seguir adiante, o que, na maioria dos casos, deve acontecer antes que nos disponhamos a dar novos passos, nunca antes tentados, e antes que possa ocorrer um novo desenvolvimento.

O novo passo de Joaquim consiste em se retirar, com todos os seus rebanhos, para o deserto, onde ora fervorosamente mas também jura que não vai comer nem beber até que Deus o ouça e lhe dê um filho. Um outro ícone mostra Joaquim no deserto. Mostra-o em meditação, numa atitude de expectativa, preso pelos galhos de um arbusto verde de contorno oval. Ana, por sua vez, está entrando num estado de total depressão por causa da sua esterilidade e pelo fato de ter sido abandonada pelo marido, que a deixa na condição de "viúva". A separação faz com que os dois parceiros se vejam obrigados a suportar a situação de um "deserto" e aridez interiores. É preciso passar por um período de desesperança. Joaquim e Ana tentam, agora, resolver o problema, cada um à sua maneira.

Ana, finalmente, consegue sair de seu estado de depressão. Para evidenciar a mudança de sua disposição de ânimo e a esperança renascida, enfeita-se com o seu vestido de noiva, senta-se debaixo do loureiro, em seu jardim, onde extravasa toda a sua aflição com palavras emocionantes. Eis o seu lamento:

E Ana suspirou para o céu, viu um ninho de pardal no loureiro e logo iniciou uma queixa:

> *Pobre de mim, quem me gerou, que tipo de ventre produziu em mim?*
> *Nasci amaldiçoada perante todos e eles perante os filhos de Israel, e fui insultada; zombaram de mim e expulsaram-me do templo do Senhor.*
> *Pobre de mim, tornei-me igual a quem?*
> *Não me tornei igual aos pássaros do céu, pois também os pássaros do céu são fecundos diante de Ti, Senhor!*
> *Pobre de mim, tornei-me igual a quem?*
> *Não me tornei igual às criaturas irracionais, pois também as criaturas irracionais são fecundas diante de Ti, Senhor!*
> *Pobre de mim, tornei-me igual a quem?*
> *Não me tornei igual aos animais da Terra, pois também os animais da Terra são fecundos diante de Ti, Senhor!*
> *Pobre de mim, tornei-me igual a quem?*
> *Não me tornei igual a essas águas, pois também essas águas borbulham alegremente e os seus peixes Te louvam, Senhor!*
> *Pobre de mim, tornei-me igual a quem?*
> *Não me tornei igual a esta terra, pois também esta terra produz frutos em seu devido tempo e Te louva, Senhor!*

E então, um anjo do Senhor aproximou-se dela e disse: "Ana, Ana, o Senhor aceitou o seu pedido. Conceberás e darás à luz; e do teu descendente passar-se-á a falar em todo o mundo." Então Ana disse: "Do mesmo modo como acredito no Senhor meu Deus que é vivo, prometo que, quando der à luz, seja menino ou menina, eu o darei ao Senhor meu Deus como oferenda de sacrifício e ele servi-lo-á durante todos os dias da sua vida." Então, nesse momento chegaram dois mensageiros que disseram a ela: "Veja, Joaquim, o seu marido, vem chegando com os seus rebanhos"; pois um anjo do Senhor desceu até ele e lhe disse: "Joaquim, Joaquim, Deus, o Senhor, aceitou o seu pedido. Desça! Veja, Ana, sua mulher, concebeu em seu corpo. E Joaquim desceu imediatamente..."

E, um pouco mais abaixo, lemos:

"...E Ana estava junto à porta, viu Joaquim acercar-se, correu imediatamente para ele, abraçou-o e disse: Agora sei que Deus, o Senhor, abençoou a ti e a mim ricamente..."

Assim, continua a lenda que acompanha o nosso ícone.

O texto ilustra vivamente como a prolongada depressão e a separação do casal provocam uma mudança fundamental na atitude dos dois, tornando possível o novo. O anjo dá a notícia a cada um deles.

Na imagem, vemos o momento em que acontece o novo encontro, "junto à porta", como a legenda observa acertadamente. Sobre o casal estende-se um véu vermelho. Este, desde os tempos mais antigos, é sinal da proximidade de Deus, símbolo da relação com Deus e imagem do véu da noiva. Como que por acaso, encontra-se no lugar do beijo fecundante um ponto brilhante que acentua a importância do ato. De acordo com o dogma ortodoxo, a menina Maria foi gerada por esse beijo.

A Igreja Ortodoxa não reconhece o princípio dogmático de que Maria está livre do pecado original. "Maria não nasce sem a participação de um homem; ainda que em cumprimento de uma promessa, nasce da relação com um homem."[2] "Nasce do sêmen de um homem", como costuma dizer, ou, do seu beijo. Assim, Maria, embora "filha de Deus", continua sendo uma filha dos homens. Sua origem é terrena. Como vejo em Maria uma imagem arquetípica da mulher — e não um exemplo —, essa informação é importante para mim.

Voltando para lenda: ela diz que Ana, trajando vestido de noiva, senta-se debaixo do loureiro em seu jardim. Quem se senta debaixo de uma árvore, senta-se com as costas apoiadas no tronco, sob a proteção da copa da árvore — símbolo da vida que se desdobra e se renova permanentemente. Desde os tempos antigos, é considerado lugar de revelação de Deus, centro do mundo. O fato de florescer todos os anos transforma-a em símbolo de esperança e lembra da Árvore da Vida eterna. Bem discretamente, a árvore sugere o uso da madeira na cruz que, segundo dizem, vem da Árvore da Vida. Será que Ana, na hora da tristeza, vive uma premonição da morte na cruz?

Ligada novamente às forças da natureza, Ana volta-se para o seu processo de vida. O loureiro, debaixo do qual fica sentada, pode tê-la ajudado nisso, já que se atribui a essa árvore uma força inspiradora e purificadora.

Ao contemplar as cores do nosso ícone, salta aos olhos a intensidade do vermelho e do verde. Cada cor tem o seu caráter congênere. Assim, por exemplo, ligamos a cor vermelha ao sangue, ao amor, à paixão, à vida. O seu forte efeito faz-nos pensar em fogo, força e emoção. O vermelho é associado aos mártires como cor litúrgica. Vermelho tem efeito de advertência e aumenta o ritmo dos batimentos do coração.

A cor verde lembra a natureza e força do crescimento: rebentos novos, o brotar de ramos nas árvores e a renovação anual. O verde sugere a esperança que nos faz perseverar. É a cor do Espírito Santo, criador da vida. Vermelho e verde simbolizam forças elementares e formam um par de cores complementares que estimulam e aumentam a luminosidade uma das outras. Cada cor só tem uma *única* cor complementar. As duas cores de nossa figura demonstram que o artista encontrou as cores "certas", criando uma tensão profícua entre elas.

Um par de cores complementares contém em si todas as cores elementares do ponto de vista físico — a luz total, a totalidade. Parece-me importante que *ambas* as figuras contenham as cores vermelha *e* verde: cada uma tornou-se íntegra e intacta. Não foi a simbiose que as tornou fecundas, mas também o fato de terem tomado consciência de si próprias, do sofrimento por que passaram.

Como vimos, o novo encontro do casal ocorre "junto à porta". Uma "porta" permite que se entre, e se saia e se passe. Uma porta aberta pode simbolizar situações de começo e de passagem. No ícone aparecem duas portas que despertam a impressão de que os cônjuges "se abriram" novamente um ao outro, que descobriram um novo acesso mútuo para si mesmos.

O arco sobre a porta representa para mim um arco de tensão que se formou entre dois pontos fixos. Vejo nele também um arco de reconciliação, sinal da reconciliação de Deus com o homem. Joaquim e Ana estão conformados com o seu destino. Cada qual encontrou o próprio relacionamento com Deus. Este fato tornará fecundo o seu encontro.

Também a plataforma verde quadrangular debaixo dos pés do casal mostra que os dois agora pisam em "terra firme", que promete crescimento; a referência também é ao tapete comum sobre o qual, pelo costume ortodoxo, o casal de noivos se coloca durante a cerimônia do casamento. O tapete simboliza, entre outras coisas, o entrelaçamento, a solidariedade. Dessa solidariedade pode surgir algo novo. Será a menina Maria, a filha de Deus.

A festa desse encontro é comemorada desde o século VIII, em Constantinopla; o Ocidente trouxe-a de lá no século XI.

Encerro as minhas considerações com o *kontakion*[3] do dia 9 de dezembro:

Hoje, o orbe terrestre festeja a concepção de Ana, que aconteceu por obra de Deus.

Ela concebeu aquela que, contrariamente a todas as outras palavras, devia conceber o Verbo.[4]

O *apolytikion* para o dia 9 de dezembro diz o seguinte:

Hoje, as amarras da esterilidade são soltas.

Deus ouve Joaquim e Ana e promete-lhes enfaticamente que, contra todas as expectativas, conceberão uma filha de Deus.

Dela nasceu o inefável como homem mortal que, por meio de um anjo anunciou-lhe em altos brados, "Ave, cheia de graça, o Senhor é Contigo!"[5]

Ana está exultando, porque ficou livre das amarras da esterilidade e está alimentando a Imaculada.

Está convocando a todos para louvar Aquele que fez nascer do seio de Ana, para os mortais, a única mulher que se tornou mãe sem marido.[6]

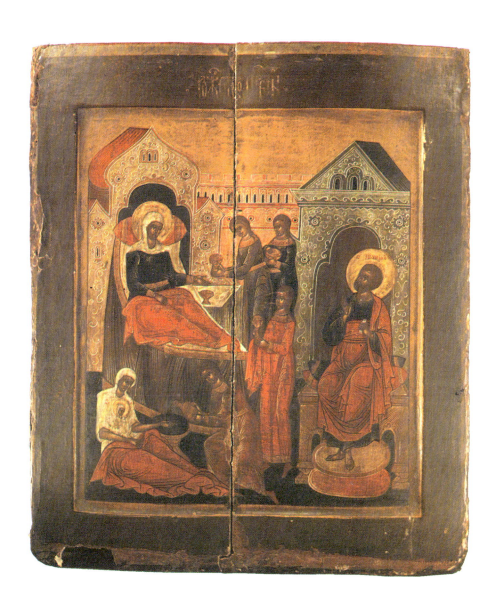

O nascimento de Maria

INÍCIO DE VIDA COMUM

A festa do nascimento da Mãe de Deus está entre as festas marianas mais antigas da Igreja, pois já era realizada em Constantinopla no século VI. Supõe-se que sua origem remonte à consagração da igreja de Santa Ana em Jerusalém. Monges orientais levaram a festa para Roma no século VII. Trata-se da primeira festa constante do calendário da Igreja, e "por isso deve ser entendida, além de tudo o que diz respeito à história, como um marco histórico da idéia da salvação".[1]

Em nosso ícone vemos, à esquerda, Ana em seu leito. Ela está sendo atendida por criadas. Embaixo, também à esquerda, está sentada a aia com a recém-nascida Maria no colo. O pai, Joaquim, olha atento e cheio de alegria para Ana. O seu gesto revela que está conversando com ela. Com a mão esquerda, ele apanha um rolo de pergaminho, símbolo da Palavra Divina. A almofada redonda sob os pés de Joaquim parece indicar que tudo corre bem a contento, para a pequena família. O quadro está pintado predominantemente em cores quentes, que nos fazem compartilhar o clima aconchegante do quarto de nascimento onde começou a vida de Maria, bem diferente do lugar onde nasceu Cristo, que é descrito como uma gruta.

O nascimento e crescimento da mulher que se tornará progenitora e Mãe de um Filho de Deus começam num ambiente comum que se prolonga até mesmo depois quando, finalmente, se torna geradora e fonte — sim, especialmente nessa época. É preciso que uma criatura nasça num ambiente caracterizado pelo cotidiano e pelo natural e passe por um processo de desenvolvimento antes que possa ocorrer o fato milagroso. Não se deve deixar passar ou desconsiderar essa fase banal, mas importante: isso deveria servir de lição para nós.

Na criança Maria vejo a criatura feminina como ser humano e que, na época apropriada se unirá com o divino ou espiritual. Ana, antes estéril, gera a futura mãe de Deus. Precisamente essa esterilidade representa para nós uma mensagem significativa, pois pode revelar que, enquanto nós desenvolvemos aquelas partes da alma, aquelas faculdades que até agora permaneceram inaproveitadas, elas acabam proporcionando uma nova vida e uma nova descoberta de sentido.

O início tão natural da vida de Maria significa para mim que o grandioso sempre começa na vida de todo dia, pois é nela e através dela que se lançam os alicerces do futuro e se constrói uma base sólida para o desenvolvimento espiritual.

O próprio processo da produção de um ícone parece confirmar a validade dessa idéia, pois o fundo do quadro precisa ser elaborado cuidadosamente, em várias fases, antes que possa receber a imagem sagrada. Tem significado bem simbólico o fato de a camada mais inferior do ícone ser de tecido. Sobre o significado dos processos de tecer e fiar meditaremos ao analisar outro ícone (ver páginas 53-54); também sobre o nascimento ainda haverá muito a dizer.

Concluo com o *kontakion* da vigília para o nascimento de Maria:

Hoje nasce a Virgem e Mãe de Deus, Maria, a intocada escolhida pelo Noivo Celeste, nascida de uma mulher estéril pela vontade de Deus.
Ela seria a portadora do Verbo.
Era predestinada a ser a porta divina e a Mãe da verdadeira vida.

Troparion[2] da vigília

Alegrai-vos juntos, Céu e Terra!
E vós, nações, louvai-a!
Joaquim rejubila-se e Ana grita, cheia de alegria festiva:
A estéril procria a mãe da nossa Vida.

Troparion de 8 de setembro

O Teu nascimento, Mãe de Deus, trouxe alegria para toda a esfera terrestre, pois de Ti nasceu o Sol da Justiça, Cristo, o nosso Deus.
Ele levou embora a maldição, trouxe a bênção, destruiu a morte e brindou-nos com a vida eterna.[3]

Ela nasceu, e com ela o cosmos foi renovado.

Ela nasceu e a Igreja se veste com a sua beleza.

Templo sagrado, receptáculo da divindade, instrumento virginal, câmara nupcial do rei, na qual o insondável segredo da inefável união das duas naturezas em Cristo foi realizada.

Nós oramos para Cristo e entoamos hinos ao nascimento imaculado da Virgem.[4]

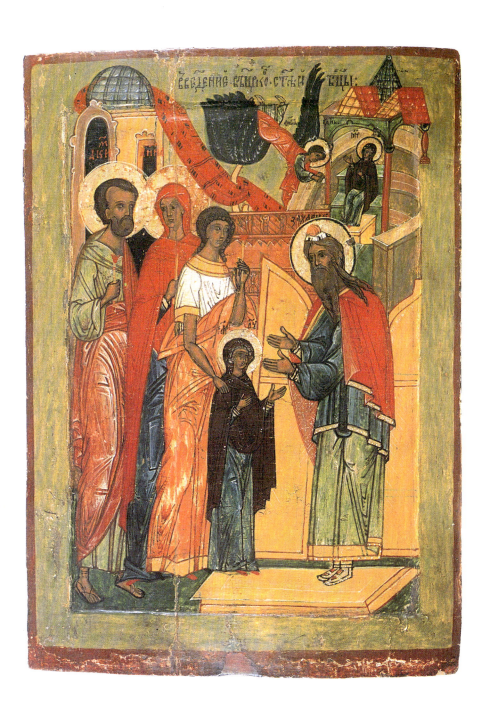

Apresentação de Maria no Templo

ESTÁGIOS DA VIDA

Neste ícone, Maria prepara-se para "tornar-se ela própria templo", ou como diz o *liturgikon* (missal da Igreja Oriental): "Ela se prepara para cumprir sua predestinação de ser Mãe de Deus." A pequena Maria é dedicada no Templo por seus pais, em sinal de agradecimento.

Historicamente, a festa tem sua origem na inauguração da nova igreja de Maria em Jerusalém, ocorrida no ano de 543. Essa festa é celebrada em 21 de novembro e é uma das quatro principais festas em homenagem à Mãe de Deus.

O nosso ícone baseia-se no protoevangelho de Tiago (7.1 - 8.1) e em outras fontes apócrifas.

Os meses passaram e a criança foi ficando mais velha. Quando ela completou 2 anos, Joaquim disse a Ana: "Vamos levá-la para cima, ao Templo do Senhor, para cumprir a promessa que fizemos, para que o Senhor não nos mande procurar e a nossa oferenda se torne inoportuna!" Mas Ana redargüiu: "Espere (ainda) o terceiro ano, para que a criança (então) não sinta mais necessidade de pai e mãe." E Joaquim disse: "De acordo." E quando a criança completou 3 anos, Joaquim afirmou: "Vamos chamar as filhas imaculadas dos hebreus, que cada uma delas tome uma tocha e acenda-a para que a criança não volte atrás e o seu coração não seja atraído para longe do Templo do Senhor." E ele procedeu assim até que o casal subiu e chegou ao Templo do Senhor. O sacerdote recebeu Maria, beijou-a e abençoou-a com estas palavras: "O Senhor destacou o teu nome entre todas as tribos; em ti, o Senhor revelará no fim dos dias a salvação dos filhos de Israel!" E colocou-a no terceiro degrau do altar, e Deus, o Senhor, abençoou a criança que dançou de alegria com seus pezinhos, e toda a casa de Israel passou a amá-la.

E seus pais desceram do Templo, admirados e louvando e enaltecendo a Deus, o Poderoso, pelo fato de a criança não ter-se voltado para trás (para eles). No Templo, porém, cuidaram de Maria como se fosse uma pomba, e ela recebia alimentos da mão de um anjo.

De maneira geral, os comentários sugerem que o ícone e a festa devem ser interpretados em relação com o Natal; ambos podem ser explicados à luz do nascimento daquele que virá. Surpreendentemente, L. Ouspensky sugere que, para compreender esse ícone, poder-se-ia tomar em consideração os ensinamentos de Evágrios e de antigos escritos rabínicos. Evágrios Pônticos foi discípulo de Gregório Nazianzeno, que viveu no século IV como monge no Egito, onde ensinava. Ouspensky cita em seu livro *O sentido dos ícones* o texto bíblico de Hebreus 8. 10. Nesse trecho menciona-se que Deus queria concluir uma nova aliança com os homens, já que a anterior estava superada. Essencial nessa nova aliança é o desejo de Deus: "Nas suas mentes imprimirei as minhas leis e inscrevê-las-ei sobre os seus corações; e eu serei o seu Deus, e eles serão o meu povo." Examinando com rigor, esse trecho exprime não somente uma relação mais estreita com Deus, mas diz que as leis eternas deixaram de figurar externamente em tábuas e códigos. Deus deslocou-as para a alma de cada indivíduo. Com essa interiorização das leis é estimulado um processo de individuação que atribui ao homem responsabilidade própria; a continuação do texto contém as mesmas idéias.

Deus impõe ao homem certas leis e normas legais. Para mudar o sentimento da existência, evidentemente, era preciso mudar também o espaço vital que o velho Templo, com o seu cunho patriarcal, parecia não mais oferecer.

É interessante notar que os escritos rabínicos dizem que ao novo Templo por enquanto ainda faltava tudo. Textualmente: "Falta-lhe o fogo do céu, o óleo da unção, o tabernáculo, o espírito de profecia e as pedras do oráculo — *urim* e *tummim* (luz e direito) — que Aaron traz no peito para conhecer a vontade de Deus" (II. Moisés 28. 13-30)."[2]

Pode-se dizer que esse era um Templo que ainda não tinha alma. Segundo dizem os escritos rabínicos, o próprio Espírito Santo deve ter tido a idéia de que, no lugar do que faltava, colocar-se-ia a menina Maria no Templo. Ouçam: Aqui tinha de ser "criada a arca espiritual, que incluísse o Verbo e, assim, ela encheria o Templo com nova vida e novo espírito".

Como revela este ícone, Maria passa a seguir um desenvolvimento, que se desdobra em três fases; aqui, Ouspensky refere-se à tese dos três estágios de Evágrios (é compreensível, porque ela corresponde à imagem tripartida do homem segundo a fé ortodoxa). Os três estágios das dimensões humanas são identificados com *sarx*, *psyche* e *pneuma*.

C. G. Jung encontra o mesmo esquema nos alquimistas medievais. A criatura viva é caracterizada pelas noções *corpus*, *anima* e *spiritus*. Ambas as interpretações estabelecem a necessidade de viver a divisão por três da natureza humana e, ao vivê-las, a necessidade de moldá-las em profundidade e de diferenciá-las. A essa divisão por três respondem também as três fases do desenvolvimento do homem, ou seja: o estágio mágico, o mítico e o espiritual.

Como os meus pensamentos sobre Maria, a Mãe de Deus, sempre giraram em torno da pergunta de se ela pode, e até que ponto, ser imagem arquetípica (não exemplo moralizante!) para as mulheres, interessaram-me os rumos de desenvolvimento relacionados com ela. O que se espera de *Maria* como mulher? O que *eu*, como mulher, tenho de moldar? Quais os estágios que temos de atravessar em nossa vida? Que medida de desenvolvimento é necessária até que a nossa alma esteja pronta para uma relação sólida com Deus? Até que ponto o homem deve estar interiormente unido, quanto deve amadurecer até chegar ao reavivamento, a uma nova descoberta de sentido, representada na criança divina?

No nosso ícone, a tese dos três estágios que, graças a Maria, deve levar-nos para as metas desejadas, está representada como segue: Vê-se um templo tripartido. A intenção é que ele represente uma *imago mundi* (imagem do mundo). À esquerda, o átrio que simboliza o *mar*. O centro (quadrado) simboliza a *terra*. Os limites à direita correspondem ao *céu*.

À esquerda estão os pais de Maria, Joaquim e Ana; ao lado deles a virgem hebraica (na lenda, são sete) cuja missão é evitar que a criança olhe para trás, já que agora ela deve "esquecer pai e mãe", como diz a lenda — o que corresponde ao primeiro estágio de desenvolvimento. Diante da virgem está — de acordo com a lenda — Maria, que conta só 3 anos. Do lado oposto, diante da porta do santuário, está o sacerdote, prestes a receber a menina. Na parte superior do ícone, vemos Maria mais uma vez, sentada no degrau mais alto, debaixo de um baldaquim. Ela é alimentada por um anjo. Na inscrição lê-se: "Que o seu alimento seja a ligação com Deus."

As *três partes* do Templo correspondem às três fases do processo de desenvolvimento. Sigo aqui a tese de Evágrios, como é recomendado por Ouspensky, para a interpretação desse ícone. Em sua teoria sobre os três estágios, Evágrios apoia-se em Orígenes.

O *primeiro estágio*, o do átrio e do mar, corresponde à *praxis*, "o esforço árduo para purificar a própria alma", segundo Evágrios. Refere-se à fase da solução de problemas do dia a dia; à luta do indivíduo consigo próprio e com os seus erros; o confronto com conflitos profissionais e familiares; as dúvidas a respeito de suas próprias possibilidades e limitações a respeito da ética pessoal. Esse estágio, atribuído ao "mar", corresponde a uma disposição de ânimo ainda um tanto insegura, inconsciente, na qual o indivíduo ainda "flutua" e vê linhas pouco claras à sua frente. Traz-nos o "banho purificador" da primeira purificação, o aparecimento paulatino do nosso próprio ser.

Ao *segundo estágio*, o do átrio interno e da terra, corresponde a *theoria physike*, isto é, "a percepção dos grandes na natureza e no cosmo" (Evágrios). Essa percepção é conquistada com o esforço em prol da purificação no primeiro estágio e por meio da ascese, portanto, pelo trabalho no aperfeiçoamento próprio e de uma determinada disposição para aprender. Essa fase também inclui o afastamento da casa paterna — a criança não pode olhar para trás — como diz a lenda. Na minha opinião, esse segundo estágio corresponde à aquisição de uma sólida e firme cosmovisão, integração nos ambientes profissionais ou familiares, adoção de certas tarefas e compromissos; a fase em que "conseguimos pisar em chão firme", encontrar o nosso lugar na vida, tal como Maria que aqui, visivelmente firme, está no segundo "estágio".

O segundo estágio também é chamado de "estágio da iluminação". Ele ilumina e esclarece muita coisa. Esclarecimento e percepção tornam possível curar. Começamos a conseguir a nossa "cura". Aqui, o que cura e o sagrado começam a fazer efeito. Maria encontra o sacerdote. Nessa fase, nós nos interessamos por biografias, eventualmente também pelos mitos de outros povos.

Ao *terceiro estágio*, do santíssimo e do céu corresponde a *theologia*, a visão de Deus e a doutrina sobre Deus. "A visão de Deus proporciona ao peregrino celeste a experiência da plenitude, eventualmente, da plenitude de luz, a experiência de ser um com Deus" (Evágrios). Chamaríamos a isso de experiência de totalidade. Evágrios não identifica essa experiência com o êxtase, mas com a percepção gradual ou, às vezes, repentina, de que o homem, em toda a sua pequenez, não deixa de ser parte de um todo: uva na videira, gota no mar, roda da engrenagem da máquina do relógio da hora mundial, uma pedrinha indispensável no grandioso mosaico da *imago mundi* — o processo de encontrar a si mesmo.

O terceiro estágio transmite a impressão de enquadramento na inteligência global e provoca em nós uma arrasadora experiência de sincronização. Enquanto no segundo estágio se ligam corpo e alma, no terceiro unem-se alma e espírito.

Em resumo, podemos estabelecer:

Primeiro estágio: estágio da criança ignorante (*sarx*),
Segundo estágio: estágio do homem dotado de alma, do despertar da consciência de si mesmo (*psychae*) e
Terceiro estágio: estágio do homem intelectualizado, pleno de espírito, diferenciado ou espiritualizado (*pneuma*)

Os rumos de desenvolvimento aqui descritos visam alcançar a unidade interior, a conciliação, a convicção interior de possuir uma imagem igual a Deus, conforme Gênesis 1. 27: "Criou Deus, pois, o homem à sua imagem, à imagem de Deus o criou; homem e mulher os criou." Na interpretação ortodoxa, a alma do homem assemelha-se a um espelho que no início dos tempos está embaçado e que, depois de um longo e árduo processo evolutivo precisa, então, ser limpo até que tenha condições de espelhar Deus com excelência. Quando tivermos atingido esse ponto, pelo menos temporariamente, estaremos maduros para a união, como demonstra a impagem de Maria, "madura" para o estágio do "noivado". É o estágio em que ela assume compromisso e obrigação de vinculação com Deus.

Por esse trajeto de desenvolvimento de Maria podemos verificar como "a experiência própria, quando levada suficientemente adiante, finalmente redunda na experiência divina" (H. Barz). Não é só o psiquiatra de hoje que chega a essa conclusão. Também os padres da Igreja expressaram essa experiência em frases tais como: "Conhece-te a ti mesmo e conhecerás a Deus."

Sabemos agora algo sobre o desenvolvimento da menina chamada Maria. Presumimos que ela, ao passar pelos três estágios, tenha acumulado uma rica experiência de vida. Sobre o que acontece no próprio Templo, depois que nele entrou uma nova e jovem vida, o nosso ícone não se manifesta. Uma *alma cheia de vida* pode substituir o fogo do céu, o óleo da unção, o tabernáculo, o espírito de profecia e as pedras do oráculo que faltam ao Templo, se estamos dispostos a acreditar na lenda.

Ainda que eu esteja sempre consciente de que a figura de Maria precisa ser compreendida em todas as suas dimensões — como imagem do feminino, imagem da alma, imagem da Igreja — emocionou-me especialmente o fato de que todo o processo de aprendizagem e desenvolvimento retratado pelo ícone foi apresentado como uma *mulher*. Acho que esta elucidação poderia oferecer às mulheres de hoje, e não só a elas, orientação e uma oportunidade para corrigir-se.

Ao finalizar, volto a enquadrar os meus pensamentos no contexto mais amplo; deixo-os, por assim dizer, voltar para lá e deixo que falem os textos sagrados dos ícones:

Kontakion da Igreja Oriental

O tempo mais puro do Salvador, magnífica câmara nupcial e Virgem, sagrado tesouro da magnificência de Deus hoje é conduzido para a Casa do Senhor, e com ela a graça do Espírito Divino. Os anjos do Senhor cantam. Este é o firmamento celestial!

Apolytikion da vigília

Ana pede a todos que se alegrem. Deixou nascer um fruto que destrói a tristeza: ela é a sempre Virgem. Ana, cumprindo a sua promessa cheia de alegria, conduz hoje Maria ao Templo do Senhor, o Templo verdadeiro da palavra de Deus e de sua Mãe imaculada.[3]

A Mãe de Deus —
Sinal de que fala o profeta Isaías

PRONTA PARA O QUE VIRÁ

Este ícone refere-se ao texto de Isaías 7. 14. No contexto, este trecho bíblico contém uma resposta a dois grupos antagônicos que exigem um sinal de Deus. O profeta responde-lhes:

Portanto, o Senhor mesmo vos dará um sinal: Eis que uma virgem conceberá e dará à luz um filho que se chamará Immanu-El (Deus conosco).

A Mãe de Deus, que é o sinal, de acordo com o dogma da Igreja Oriental, é um ícone profético que revela que o nascimento de uma criança divina ou, como diríamos, interior, seria possível se a época e os homens estivessem suficientemente maduros para isso. Como pré-aviso, o quadro contém uma promessa coletiva para todos; no ícone da Anunciação, o acontecimento será descrito com base num destino individual.

O ícone da "Mãe de Deus do Sinal" está exposto na *ikonostase*, no centro do espaço reservado aos profetas. A *ikonostase* é uma parede para a afixação de quadros que, na Igreja Ortodoxa, separa o recinto reservado aos fiéis da sala do Santíssimo, mas, ao mesmo tempo, interliga essas duas áreas por meio da mensagem espiritual transmitida pelos quadros. A parede é subdividida em três até cinco faixas. Por exemplo, na faixa mais inferior podem ser exibidas figuras em oração com Cristo no centro; na faixa do meio, aspectos de festas do ciclo anual; e, na de cima, imagens da "Mãe de Deus do Sinal" com profetas voltados para ela e louvando-a de mil maneiras.

Quando perguntei a um fiel ortodoxo em que estado de espírito se encontra e que tipo de problemática está enfrentando quando decide olhar essa imagem, ele respondeu sem hesitação: "Quando estou dilacerado por dentro, e hesito, indeciso, entre duas possibilidades; quando não sei como as coisas devem continuar." Descreve então, quando se dá toda atenção ao que diz, exatamente a mesma situação conflituosa exposta no trecho de Isaías acima reproduzido.

Quando se analisa o que, no nosso ícone, pode resolver pura e simplesmente problemas de indecisão interior, ou ao menos amenizá-los, saltam imediatamente aos olhos a forte centralização da imagem, o centro que literalmente nos atrai para ele, bem como a simetria estabilizadora da estrutura do quadro. O calor das cores tranqüiliza. O centro acentuado capta e concilia as nossas tendências dolorosamente divergentes. A imagem, embora calma em si, está cheia de movimento. Ela sugere um fenômeno: algo vem vindo ao nosso encontro, revelando-se. Evidencia-se a nova possibilidade.

O pano de fundo verde-escuro, oval, cria a impressão de que a Mãe de Deus está saindo de um ovo universal cósmico, do próprio início dos tempos. A cor preta representa segredo, não saber, escuridão e morte. No dogma ortodoxo, não saber é pecado, porque nos separa da luz, de Deus. Não é próprio do homem continuar ignorante e inconsciente. Desenvolver-se significa diferenciar-se da massa amorfa, do caos primitivo. O preto do nosso ícone está misturado com o verde do crescimento e com o azul do espírito. Portanto, abriga possibilidades e força.

No peito da Mãe de Deus esboça-se a nova possibilidade: a criança, a pérola, o Logos preexistente — o si mesmo..., ou como queiramos denominá-lo.

A esta altura, quero elucidar o conceito de *Logos*, já que este ícone visa "representar o eterno Logos. Logos significa palavra, definição, lei natural. O verbo correspondente, *legein*, quer dizer falar, explicar, desdobrar, esmiuçar, desenvolver. Uma rápida reflexão sobre o significado da palavra *Logos* não indica uma noção estática, mas um princípio dinâmico (como já tive oportunidade de dizer na introdução, onde citei a palavra hebraica *tsemach* — semente, balanço, força).

Logos é um princípio que, como a semente, cresce por si mesmo, aparece e se desenvolve como uma lei natural. O paralelo com a noção psicológica do "si mesmo" não passa despercebido; também este se manifesta autóctone — por força própria.

Portanto, este ícone informa, entre outras coisas, que em graves situações de conflito interior surge em nós uma força que, oportunamente, por si mesma, trará uma solução, uma nova possibilidade. Na imagem, essa nova possibilidade toma a forma de uma criança. O aspecto dinâmico é que tudo surge separadamente: a mãe provém do eterno clima do início primitivo dos tempos, a criança, do círculo, a luz com a criança — tudo vem ao nosso encontro.

Este ícone, diga-se de passagem, em célebres campanhas militares, era carregado à frente da tropa como sinal de proteção e de defesa. Quem sabe, também, como símbolo de conciliação.

A Mãe de Deus aparece na nossa imagem com as mãos levantadas para a oração, eterno gesto do homem quando ora. Recomendo a quem contempla este ícone que experimente, ele mesmo, essa postura de oração. Talvez ele sinta uma diferença do costume de orar com as mãos entrelaçadas. O que muda? A respiração muda, forma-se um campo de tensão no peito. Nós nos sentimos mais livres, mas também mais desprotegidos. Orar assim não é pedir, é abrir-se. Caracteriza uma atitude corajosa, uma atitude de expectativa, do tipo "venha o que vier". E algo deve vir.

A cor das vestes da Mãe de Deus é descrita como marrom-púrpura. Marrom é a cor da terra; púrpura, a cor do sagrado, cor própria de rei. Da combinação dessas duas cores deduzimos que em Maria estão unidos o céu e a terra, o celeste e o terreno, entrelaçados.

As mangas da Mãe de Deus mostram um tom verde-azulado. O verde liga a mãe à vegetação, à vida em florescência; o azul, ao mundo espiritual. Na Rússia, a Mãe de Deus, como já mencionei, leva também o belo nome de "Mãe-terra úmida", mantendo, portanto, o seu aspecto de "Mãe-terra fecunda".

O tom amarelo-avermelhado que permeia e aquece toda a imagem destina-se a lembrar o trigo maduro, juá que a mãe tem de amadurecer como o trigo. Num manual de pintura, exige-se que também seus olhos sejam pintados com a cor do trigo! Esse aspecto de terra e de fertilidade é significativo para mim.

Na cabeça e nos ombros da Mãe de Deus vemos três estrelas que simbolizam a sua imutável condição de Virgem "antes, durante e depois do nascimento", como diz o dogma ortodoxo.

Ícones são imagens espirituais, imagens do pensamento: Aqui se trata da virgindade interior, de um estado de uniformidade interior que precisa ser alcançado.

Do ponto de vista psicológico, essa virgindade — "antes, durante e depois do nascimento" — é expressão de um estranho estado intocável que acompanha o fenômeno da constelação do si mesmo, isto é, no momento em que tomamos consciência do sentido da vida. É um estado que, em certo sentido, liberta-nos dos critérios comuns do dia a dia. Por exemplo, essa disposição de ânimo pode ser observada quando da tomada de decisões fatídicas em momentos em que o mundo ao nosso redor reage com estranheza aos nossos passos, mas nós sabemos que o fizemos cedendo a impulsos interiores.

O círculo vermelho de fogo que emoldura as nossas figuras visa sugerir o panorama do nascer do sol e a nova criação. Mas mostra-nos também que aqui está ocorrendo um importante acontecimento apoiado pelo serafim flamejante (embaixo) que, como anjo portador do trono, promove a formação da imagem interior de Deus. O verdadeiro segredo ardente nos impele com sua força para novos caminhos e nos obriga a tornar-nos nós mesmos, o que em si constitui uma nova possibilidade ("... até que Cristo tome forma em vós...", Gálatas 4. 19).

Também o hino ortodoxo refere-se à singularidade do acontecimento. A este respeito, é bom ouvir um verso do *akathistos*[1], o hino de louvor mais antigo à Mãe de Deus:

Meditando sobre um nascimento tão incomum,
desacostumamo-nos cada vez mais do comum
e voltamos nossos sentidos para o céu,
pois o Poderoso tomou a si a fraqueza da condição humana
para que Ele retire das profundezas aqueles
que acreditam nele como Senhor.

Visto que o Criador cósmico do universo
quis salvar o cosmos, nele entrou anunciando
a si mesmo.
Visto que ele como Deus também é pastor,
apareceu por nossa causa, para nós, igual a um ser humano,
pois pela igualdade ele chama o igual
porém percebam-no como Deus: Aleluia!

A Anunciação

O INGRESSO NUM MUNDO SAGRADO

Este ícone bem conhecido mostra a Anunciação pelo Anjo a Maria, conforme nos é relatada pelo Evangelho de Lucas (1. 26-38) e enfeitada, um pouquinho mais, pelo Protoevangelho de Tiago. A festa da Anunciação está historicamente documentada desde o século VII e é celebrada em 25 de março. O quadro original remonta ao século II; encontra-se nas catacumbas de Priscila, em Roma. O dia da festa é precedido por uma manifestação de júbilo. Chamo-o de *troparion* da véspera:

> *Hoje é o prelúdio de uma alegria universal,*
> *visto que a celebramos com júbilo na véspera.*
> *Vejam, Gabriel vem para trazer à Virgem a alegre mensagem.*
> *Ave, cheia de graça,*
> *O Senhor é Contigo.*

Acho que o texto no Evangelho de Lucas é conhecido de todos, mas eu gostaria de citar o texto original de Tiago (10-12. 2), que é poético e permeado de símbolos. Reproduzo-o textualmente.[1]

Houve uma reunião de sacerdotes que decidiram o seguinte: "Queremos mandar fazer uma cortina para o Templo do Senhor." E um deles disse: "Convoquem virgens puras da casa de Davi." E os criados saíram para procurá-las e encontraram essas sete virgens. Então o sacerdote lembrou-se da menina Maria e de que ela era da casa de Davi e imaculada perante Deus. Os criados foram buscá-la também. Conduziram-na ao Templo do Senhor e o sacerdote disse: "Vamos sortear quem vai entrelaçar o ouro com o amianto, o algodão, a seda, o azul de jacinto, fios de escarlate e de púrpura legítima." E Maria foi sorteada para cuidar da "púrpura legítima" e do "escarlate". Apanhou-os para fazer o serviço em sua casa. Nesse momento, Zacarias ficou mudo e Samuel assumiu o seu lugar até que Zacarias voltasse a falar. Maria pegou então o escarlate e pôs-se a fiá-lo.

A seguir, apanhou a jarra e saiu para enchê-la de água e vejam que nesse momento uma voz lhe disse: "Eu te saúdo, cheia de graça entre as mulheres." Maria olhou para a direita e para a esquerda para verificar de onde vinha essa voz. Estremeceu, entrou em casa e colocou a jarra no chão, apanhou a púrpura, sentou-se em sua cadeira e pôs-se a fiar. E, vejam só, um anjo do Senhor de repente apareceu diante dela e disse: "Não temas, Maria, porque recebeste a graça do Todo-Poderoso; conceberás por meio da palavra Dele." Ao ouvir isso, ela duvidou de si própria e respondeu: "Eu conceberia por obra do Senhor, o Deus vivo, e daria à luz como qualquer mulher?" E o anjo do Senhor disse: "Não, Maria, o poder do Senhor envolver-te-á com a sua sombra e, por isso, também o que nascer de ti, será sagrado, será chamado santo, filho do Altíssimo. E tu mesmo deves dar-lhe o nome de Jesus [ajuda] Salvação, Deus que ajuda; pois ele salvará o seu povo de seus pecados!" E Maria disse: "Eis aqui a serva do Senhor; faça-se comigo segundo a sua palavra!"

Aprontou então o material de púrpura e escarlate e levou-o para o sacerdote. Este o recebeu e disse: "Maria, Deus, o Senhor engrandeceu o seu nome: será abençoada entre todas as estirpes da Terra." A alegria tomou conta de Maria, que foi visitar Isabel, sua parente, e bateu à porta da casa dela.

No Evangelho de Lucas, Maria responde assustada ao anúncio do Anjo: "Como será isto, se não conheço homem algum?" As perguntas e pensamentos objetivos de Maria devem servir-nos de advertência de que o homem não está entregue cegamente ao seu destino, mas tem a liberdade de questioná-lo e de dizer "sim" ou "não" a ele. Maria aceita corajosamente seu enigmático destino.

Vamos dedicar-nos, por alguns momentos, à atmosfera desse ícone; sentiremos o clima de tensão que impregna todo o quadro. Somos tocados por algo vibrante, algo que prende a nossa atenção. Sentimos, junto com Maria, a surpresa, o susto dessa invasão inesperada do Anjo. Parece que algo parecido com vibrações elétricas atua entre as duas figuras, o que é visível para o observador nas linhas esboçadas no pano de fundo no meio do quadro. Também os dois estranhos edifícios contribuem para a atmosfera de inquietação do ícone. Duas forças, dois mundos se encontram.

Vemos Maria sentada em sua casa, fiando, já que a incumbiram de fiar a "púrpura legítima" e o "escarlate" para a cortina do Templo. Ela segura nas mãos a seda vermelha. "Púrpura" é a cor da realeza, a cor do sagrado. Essa cor alcançou esta importância porque sua produção, em quantidades reduzidas, era feita com muita dificuldade. A púrpura é extraída de um caracol encontrado no fundo do mar. Assim, a púrpura sempre foi, desde a Antigüidade, uma cor simbólica e preciosa.

Consta que a cortina do Templo que se pretendia tecer representava uma imagem do cosmos, como descreve o relato contemporâneo de Flávio Josefo, um historiador judeu.

Em nenhum ícone com a cena da Anunciação pode faltar o fuso vermelho de Maria. É um símbolo significativo. Do ponto de vista real, no processo da fiação, a matéria-prima bruta transforma-se em fio pela rotação do fuso. Do ponto de vista simbólico, fiar dá forma ao que não tem forma. O desconexo se junta, o solto se torna fixo, o isolado se junta, combinando; o inconsciente torna-se consciente. Assim, o fuso e o processo de fiar são considerados imagem e expressão do pensamento, do sentido e das formas do feminino segundo o princípio de Eros que sempre se esforça por unir os opostos. O fiar é um processo evidentemente criativo. É fácil explicar por que o fuso tornou-se atributo das deusas do Destino, que fiam o fio da vida e também podem rebentá-lo. O fuso também pode ser entendido como imagem do cosmos que gira e se renova eternamente. Nos processos de fiar e tecer, pressentia-se o poder das forças da natureza para construir e formar.

Consta que também os filósofos gregos, ao articular seus pensamentos, giravam os seus fusos. "Fiar" promove um processo de conscientização; forma em nós o "fio vermelho", o fio espiritual, o "fio da vida".

No passado, a natureza, o mundo em geral, eram vistos como um "belo tecido de Deus".[2]

A cena de Maria fiando caracteriza-a de um modo específico. Ela consegue unir o que, por enquanto, ainda está separado; ela "reconciliará o irreconciliável", como diz o hino *Akathistos*: ela conciliará dentro de si o céu e a terra; nela "foi tecida uma roupa para Deus". Maria, graças ao seu trabalho, não se torna, no fundo, "colaboradora na produção do belo tecido de Deus"[3] e colaboradora também na grande obra contínua da criação?

Como a Maria, cabe também a nós, homens do cotidiano, enquanto nos desenvolvemos, identificar ou criar inter-relacionamentos. A expressão ortodoxa "criar, criando a si próprio", sugere que nós, outra vez também como Maria, devemos participar da construção do nosso próprio destino, "tecê-lo" e colaborar, no sentido da frase bíblica (Filipenses 2. 12): "Desenvolvei [criai] a vossa salvação com temor e tremor." Como Maria permanece em sua casa, trabalhando, devemos permanecer em nós mesmos e fiar coerentemente o nosso próprio fio interior, isto é, entre outras coisas, levar avante o desenvolvimento do nosso eu e promover a nossa conscientização. O homem deve lutar para adquirir conhecimento, cada um de acordo com a sua capacidade. Esta é uma profunda preocupação ortodoxa que deriva do pensamento dos antigos padres da Igreja. A seguir, cito alguns de seus princípios:

> *Conhece-te a ti mesmo; então, conhecerás a Deus.*
> *Ninguém pode conhecer Deus, a não ser que antes conheça a si mesmo.*
> *O conhecimento de si próprio é o primeiro passo para conhecer a Deus.*
> *Conseguindo a tua salvação, muitas pessoas à tua volta, também a*
> *[conseguirão.*

Essas frases evidenciam claramente que a luta das pessoas para conhecer a si próprias não significa rodar egoisticamente em torno de si mesmas, mas referem-se à necessidade de identificar e expandir responsavelmente suas próprias possibilidades. Logicamente, o conhecimento de seus lados sombrios inclui-se nesse esforço. Em última análise, o homem deve concretizar a imagem de igualdade a Deus, que está embutida nele, e reconhecer em si próprio o divino e a integridade (comparar também Gênesis 1. 27).

Enquanto Maria fia, esforçadamente, o material da cortina do Templo, o Arcanjo Gabriel irrompe "intempestivamente", e comunica a Maria o seu destino: ela daria à luz um Filho de Deus.

O nome "Gabriel" significa "poder de Deus" ou "confidente de Deus". Com o aparecimento dessa figura, o sobrenatural e o inexplicável invadem o mundo cotidiano de uma pessoa ou a consciência subjetiva do indivíduo. O aparecimento intempestivo sugere que a mensagem só representa metade da obra e que a outra metade da missão deve ser percebida e realizada pelo homem.

Caso a noção de "Anjo" tenha-se tornado estranha para nós, pode ajudar inicialmente imaginá-lo como uma repentina intuição ou inspiração. Talvez sintamos o "Anjo" como uma força motriz dentro de nós;

talvez como um espírito protetor ao nosso redor. "Anjo" lembra, de forma muito discreta e praticamente a todos, as expressões "dar asas a" e "acelerar".

A teologia ortodoxa nunca minimizou a figura do Anjo, como é prática na arte ocidental, onde vemos anjinhos batendo asas alegremente. Na visão ortodoxa, anjos são "seres extremamente sublimes", cujo chamado deve ser obedecido, já que sempre significa destino. C. G. Jung, bem paralelamente a isso, comenta, baseado em sua experiência de médico: "O encontro com o Anjo tem caráter demoníaco. É uma experiência de vida e morte. Ou o homem se conforma com o seu destino espiritual ou se quebra de encontro a ele."

Com razão, Maria assusta-se profundamente com a mensagem do Anjo. Vemos o seu susto pelo gesto de defesa de sua mão e pela sua postura, que sugere um movimento para trás. Afirma-se que ela teme que lhe aconteça o mesmo que a Eva no paraíso, quando esta deu ouvidos à serpente. Sente-se aqui a concepção ambivalente no que diz respeito ao Anjo.

Portanto, cuidado! Também a nossa voz interior nem sempre é a do Anjo; pode ser também a voz de quem quer causar confusão. Assim, Maria, tomada de dúvida, pergunta ao Anjo em resposta: "Eu conceberia por obra do Deus vivo e daria à luz como qualquer mulher?" O Anjo, então, dá-lhe a entender que se trata de outro tipo de nascimento, um nascimento sagrado ou de um salvador santo, com poderes de cura.

Depois de hesitar um pouco, Maria concorda: "Eis aqui a serva do Senhor. Faça-me em mim segundo a sua palavra." Como o texto narra a seguir, "Ela terminou de fiar a púrpura, levou-a ao sacerdote e este a abençoou".

É importante, depois de uma experiência arrasadora ou extática, voltar para o trabalho cotidiano e adaptar-se à vida do dia-a-dia. Apesar de ter sido escolhida, Maria continua na dúvida, pensativa e sóbria. Outro detalhe do ícone mostra-nos até que ponto isso é necessário: o fuso vermelho cai da mão de Maria. O "fio vermelho" pode rebentar ou, pelo menos, formar um emaranhado difícil de desenredar. A ordem dos pensamentos, a continuidade interior são ameaçados pela invasão do Anjo, e a razão é questionada. "É um insulto à mente" — assim C. G. Jung descreve essas experiências. Pessoas que presenciam na vida cotidiana essas invasões, seja em forma de visão, sonho ou experiência, não importa qual deles, podem confirmar que chegaram a duvidar da própria sanidade mental — como aconteceu com Maria, que "duvidou de si própria". Só aquele que atingiu um grau razoável de firmeza e desenvolveu suficiente confiança em si mesmo não será arrebatado por essas experiências limítrofes. Lembremo-nos da profecia de Isaías (7. 14) "... a *mulher amadurecida* dará à luz um filho..." Tive oportunidade de explicar em que consiste esse amadurecimento, ao comentar o ícone da "Apresentação de Maria no Templo".

Neste ícone da Anunciação, Deus manifesta seu contentamento aparecendo no alto da imagem — simbolicamente — na forma de uma esfera escura. Sua luz é representada em preto, porque Deus, embora seja luz, permanece para sempre um segredo obscuro, inexplicável. A esfera é considerada símbolo de Deus devido à sua perfeita curvatura; é imagem da integridade, da unidade. Como a esfera sempre tende a rolar, representa também a imagem do movimento constante, da vitalidade permanente (compare-se Lucas 20. 38: "Ora, Deus não é um Deus de mortos e, sim, de vivos..."), Deus faz as coisas "acontecerem".

Na Igreja Ortodoxa, a Mãe de Deus é chamada de "procriadora de Deus", *theotokos* (do grego *tiktein* = produzir, procriar). Com esse nome ela é louvada em inúmeros hinos. Aqui está implícita uma diferenciação especial. Uma mãe já teve o seu filho; uma procriadora, por outro lado, está permanentemente empenhada na sua missão. Em outras palavras, Maria, com o nome de procriadora, adquire um caráter dinâmico, torna-se geradora e co-criadora — um atributo notável da imagem arquetípica do feminino. (Uma divindade de antigos povos eslavos era designada como "a que faz florescer os botões" ou "a que faz brotar as flores".)

Graças ao seu nome alternativo, na fé ortodoxa, de "Mãe da terra úmida", Maria é vista nitidamente como mais próxima da terra do que no Ocidente, que tende a retratá-la como uma serva um tanto pálida, ou a deslocá-la para a esfera celestial como "Rainha do céu" e a "glorificá-la". Pelo que me é dado observar, tudo o que se refere ao nascimento e à encarnação desempenha, na Igreja Oriental, um papel mais claro do que aqui entre nós. Segundo me ensinaram, Deus quer encarnar em tudo, não só no homem, mas também na matéria, no ícone e, sim, até mesmo no pincel do pintor de ícones, em toda a criação. O que significa isso, a não ser que Ele quer renascer por toda parte e sempre? Nascer é impossível sem uma procriadora; não importa se se trata de um nascimento humano comum ou do nascimento de um ente divino — como o que é anunciado aqui.

Traduzido, isso para mim significa que é papel da mulher estar presente em todos os lugares onde uma idéia é transformada em realidade, onde a intuição deve assumir forma visível ou perceptível, em resumo, onde algo novo e essencial está para nascer. Essas considerações tornam compreensível o fato de a roupa da procriadora de Deus ter de ser da cor da terra e o fato de esta cor estar permeada da púrpura sagrada ou espiritual. O espiritual e o material se encontram no feminino; o céu e a terra consubstanciam-se na procriadora de Deus.

Nós, mulheres, somos conscientes da dignidade que nos concederam, mesmo quando cumprimos as nossas tarefas em nível bem modesto do dia a dia?

Como no ícone "A Mãe de Deus do Sinal" (ver na página 43), as três estrelas na cabeça e nos ombros da mãe de Deus indicam a sua "permanente virgindade — antes, durante e depois do nascimento". Ela encontra-se, portanto, num certo estado excepcional; isso sugere que uma pessoa na qual desperta a imagem interior de Deus deve, durante algum tempo, seguir leis diferentes. Torna-se, em certo sentido, intocável. Seu âmago foi atingido; ela merece um período de resguardo, da mesma maneira como foram concedidas a Maria, depois do parto, semanas de purificação.

Lembremo-nos de que a chamada do Anjo pode conduzir as pessoas por caminhos estranhos que permanecem incompreensíveis para quem não participou do acontecimento.

As estranhas casas que aparecem no ícone parecem indicar que o acontecimento interno teve lugar diante de um pano de fundo irracional — fora do espaço e do tempo — e não num ambiente caracterizado pela sobriedade. O artista pinta suas casas de um modo mais ou menos livre; sua própria alma forma o pano de fundo do acontecimento. A torre à esquerda, um tanto sóbria, é considerada oficialmente símbolo da Igreja antiga, agora estéril, isto é, a igreja do Antigo Testamento; dizem que a torre mais clara, à direita, aponta para o Novo Testamento, para a Igreja agora tida como fecunda: uma interpretação pouco satisfatória.

A túnica bufante de cor rosa bronzeada do Anjo sugere que este está imbuído do espírito messiânico, pois o rosa bronzeado é considerado a cor do Messias. Johannes Itten considera o rosa como uma cor solitária.[4]

Ele vê na cor rosa um símbolo do reflexo do amor de Deus. O rosa não tem a dinâmica e a consistência encorpada do vermelho, mas deriva deste e é, por assim dizer, um vermelho etéreo.

O gesto da mão do Anjo é o antigo gesto característico do orador. Ele acaba de anunciar a sua mensagem. Os dedos de sua mão estão separados em dois e três. Os dois dedos unidos simbolizam as suas naturezas do que virá: "Um homem verdadeiro e um Deus verdadeiro", inteiramente homem, inteiramente Deus. Os três dedos livres simbolizam a Santíssima Trindade. A mão, por sua vez, espelha uma teologia abrangente e um grande destino.

O bastão quase invisível do Anjo, é um bastão de arauto; tomo a liberdade de interpretá-lo como um bastão mágico, que fecunda e transforma. Pensava-se originalmente que o bastão fosse feito de madeira oriunda da Árvore da Vida e, por isso, especialmente eficiente para promover a vida e mudanças. Com efeito, Maria, como todas as outras mães, sofre uma mudança em conseqüência da nova e inexplicável vida no seu ventre.

No tecido vermelho, o véu vermelho no topo do quadro, vejo a imagem do sombreamento ("... o poder de Deus te envolverá com a sua sombra..."); mas vejo nele também uma ilustração da relação entre Deus e o homem, entre o céu e a terra. Lembro o início da Bíblia, onde se diz, logo no segundo versículo: "... e o espírito de Deus pairava sobre as águas." A palavra "pairava" usada aqui remonta a um verbo original que significava ao mesmo tempo "tecer" e "chocar". Por trás dessa palavra escondem-se antigas noções da criação; assim, por exemplo, o espírito de Deus teria chocado o mundo num movimento de vaivém e, ao mesmo tempo — lembrando o processo da tecelagem — teria criado um tecido entre o céu e a terra. Poderíamos chamá-lo de laço de amor.

Talvez ajude a compreender melhor este processo criativo se nos lembrarmos de quantas vezes analisamos detidamente um pensamento, uma decisão, um projeto, até que todos os fatores cabíveis sejam encontrados, possam ser entrelaçados e, assim, a obra pretendida possa tomar corpo.

"Chocar" pode ser comparado também à fase da incubação de idéias pela qual passa o artista antes que ele possa aprimorar a sua obra de arte. Toda obra de arte é um ato de criação em pequena escala. O pequeno pano branco que se deita melancolicamente sobre o véu vermelho é o linho bisso, símbolo da humanidade sofredora. O linho branco, a linácea são, junto aos povos da Europa Oriental, símbolos do caminho de sofrimento e da vida do homem. Do mesmo modo como o linho está sujeito a muitos processos de preparação, tais como "quebrar, torrar, aguar, balançar, cardar", etc., também o homem deve sofrer toda sorte de provações antes de encontrar a si próprio, antes de tornar-se um ser humano íntegro.

Procuramos uma resposta à pergunta de quando ou de que maneira o acontecimento retratado no ícone da Anunciação ocorre na nossa vida: "Diante de todos e para todos." Nós jamais vamos dar à luz um Filho Deus, mas talvez um que, para as pessoas que julgam subjetivamente, valha como tal.

Pode-se dizer que, como experiência comparável, a gravidez e o nascimento de pessoas comuns estão mais próximos desse acontecimento. O nascimento não representa sempre um novo milagre? Na vida de muitas mulheres, o forte impacto do processo do nascimento chega às raias de dimensões religiosas.

Ou então: muitas pessoas conhecem a emoção e o fascínio de uma missão interior. Com a razão pura e simples não se consegue explicar a inevitabilidade de sua missão interior. Algo dentro dessas pessoas exige realização. Todos nós já passamos pela experiência em que uma palavra, uma imagem, um livro, um pensamento, um encontro, nos prendem irremediavelmente sem soltar-nos, sim, obrigam-nos a seguir essa impressão, esse fascínio, muitas vezes contrariando a razão. Como se fosse uma semente, essa invasão germina e amadurece em nossa alma. Num belo dia, toma corpo e aparece à luz do dia na forma de alguma ação, obra, tarefa ou dever, comparavelmente a uma criança que sai do ventre materno. Não sabemos que essa semente germina dentro de nós. Na maioria dos casos, o processo começa com um pequeno e discreto impulso, do mesmo modo como uma pérola começa a crescer na concha invadida por um irritante grão de areia. É a "fala baixinha do anjo" que é preciso escutar, já que ela sempre tem que ver com o sentido da nossa própria vida.

Para Maria também, inicia-se na hora da Anunciação, a missão e o sentido de sua vida, de sua missão.

60 MARIA

Para caracterizar a forma da "criança" interior, espiritual, quero agrupar, a seguir, alguns trechos bíblicos:

Gálatas 4. 19 — *... até que Cristo seja formado em vós...*

Gálatas 2. 20 — *... logo, já não sou eu quem vive, mas Cristo que vive em mim...*

I Coríntios 6. 19 — *... ou não sabeis que o vosso corpo é o templo do Espírito Santo, que está em vós e que recebestes de Deus...*

I Pedro, 3. 4 fala no "homem oculto no íntimo do coração", ou "na incorruptibilidade de um espírito manso e tranqüilo".

Todas essas manifestações, e outras semelhantes, fundamentam-se na experiência de que o homem tem capacidade para identificar dentro de si um núcleo essencial que dá profundidade e sentido ao seu modo superficial de ser. Também aqui cabe lembrar, mais uma vez, que C. G. Jung via em Jesus Cristo o arquétipo do si-mesmo.

Em nossos sonhos, o si-mesmo torna-se perceptível, por exemplo, na imagem da criança. Percebe-se que o si-mesmo é a força que gera vida e vitalidade; que ajuda e cura. Avançar para essa fonte interior é uma experiência chocante e profundamente religiosa. Essa fonte impulsiona-nos poderosamente e conduz-nos como uma bússola para o melhor nível do nosso desenvolvimento. Suponho que a teologia ortodoxa se refira a algo comparável ao si-mesmo quando fala do espelho interior que deve e pode espelhar a imagem de Deus.

P. Evdokimov, um ortodoxo erudito, escreve a respeito do ícone da Anunciação: "O ícone da Anunciação representa o homem estremecido e arrasado diante do que, para ele, é um mistério, e tomado de uma tensão de tirar o fôlego, no momento em que o mistério irrompe."[5]

Kontakion da Igreja Oriental para a Festa da Anunciação:

Na presença do Espírito Santo que desceu até nós, Tu, Mãe de Deus, redenção de Adão, concebeste pela palavra do Arcanjo aquele que reina junto com o Pai, ao qual ele é igual na maneira de ser. Como com fios mergulhados em púrpura-do-mar, ó, Pura, a veste espiritual púrpura de Emanuel foi tecida no teu colo. Por isso, nós a veneramos como a verdadeira Mãe de Deus.[6]

O Nascimento de Cristo

CONCRETIZA-SE UMA PREMONIÇÃO

O ícone que representa o nascimento de Jesus Cristo segue a chamada história do Natal como é narrada no segundo capítulo do Evangelho de Lucas, no Evangelho de Mateus e no Evangelho apócrifo de Tiago. A comemoração do Natal está historicamente documentada desde o início, substituindo a antiga Festa do Solstício e as posteriores comemorações da Epifania.

Cito, a seguir, o trecho correspondente (cap. 17. 1-20, 2) do Protoevangelho[1], porque este contém detalhes que não encontramos em outros relatos:

O rei Augusto baixou uma ordem, obrigando todos os habitantes de Belém, na Judéia, a registrar-se. E José disse: "Vou mandar os seus filhos se registrarem; mas o que eu faço com esta menina? Como devo registrá-la? Como minha mulher? Nesse caso, sinto vergonha. Ou como filha? Mas todos os filhos de Israel sabem que ela não é minha filha. No próprio dia do Senhor, Ele fará o que for de sua vontade." Selou o jumento e colocou a menina sobre ele; seu filho conduziu o animal e Samuel o seguiu. E aproximadamente a três milhas do destino, José voltou-se para ela, viu que estava triste e disse para si mesmo: "Talvez a esteja afligindo o que está dentro dela." Quando José se voltou mais uma vez, viu-a sorrindo. Então perguntou-lhe: "Maria, o que há com você, porque vejo o seu rosto ora risonho ora triste?" E ela respondeu: "José, vejo dois povos com os meus olhos: um que chora e se lamenta e o outro alegre e jubiloso." Quando estavam a meio caminho, Maria disse-lhe: "José, tire-me do jumento, pois aquilo que está dentro de mim está me apertando e quer sair." E ele tirou-a do jumento e disse-lhe: "Para onde devo levá-la a fim de resguardar o teu pudor? Pois o lugar é ermo."

E encontrou uma gruta, conduziu-a para dentro dela, deixou seus filhos junto dela e saiu para procurar uma parteira hebréia na região de Belém. Eu, José, porém, dei voltas e, ao mesmo tempo, não dei voltas. Olhei para a abóbada celeste e vi-a parada; olhei para o ar e vi-o paralisado; vi os pássaros do céu também permanecerem imóveis. E olhei para a terra, onde vi uma vasilha e trabalhadores sentados ao redor com as mãos dentro dela. Mas quem mastigava na verdade não mastigava, e os que pareciam estar na atitude de tomar a comida não tiravam do prato; e quem parecia levar à boca não levava nada à boca, pois todos estavam com o rosto voltado para cima. E, vejam, as ovelhas eram tocadas, mas não conseguiam movimentar-se para a frente e ficavam paradas; e o pastor ergueu a mão para bater nelas (com o seu cajado), mas a mão levantada ficou parada no ar. E olhei para o leito do rio onde vi os bodes com os focinhos quase tocando a água, mas eles não bebiam. E, de repente, tudo voltou a se movimentar normalmente.

E, vejam, uma mulher desceu do morro e me perguntou: "Homem, para onde estás indo?" E respondi: "Estou procurando uma parteira hebréia." Então ela me perguntou: "É de Israel?", respondi-lhe: "Sim, sou." Ela, porém, perguntou: "Quem é aquela que está dando à luz na gruta?" Respondi: "É minha noiva." Então ela perguntou: "Ela não é sua mulher?" Eu disse-lhe, então: "É Maria, que foi educada no Templo do Senhor, tornou-se minha mulher por intermédio de um sorteio. Mesmo assim, não é minha mulher, porque concebeu por obra do Espírito Santo." A parteira então perguntou: "Isto é verdade?" E José disse-lhe: "Venha ver!"

E a parteira foi com ele. E chegaram ao local da gruta coberta por uma nuvem luminosa. E a parteira falou: "Hoje minha alma foi enaltecida, pois os meus olhos viram uma coisa maravilhosa: nasceu a salvação para Israel". E, no mesmo instante, a nuvem começou a afastar-se da gruta, dando lugar a uma luz tão intensa que nossos olhos não conseguiam suportá-la. Pouco tempo depois, essa luz foi-se apagando até que apareceu a criança que tomou o peito de sua mãe, Maria. E a parteira soltou um grito e disse: "Que grande dia é esse para mim hoje, já que me foi dado observar este espetáculo nunca antes visto." A parteira, ao sair da gruta, encontrou Salomé, à qual disse: "Salomé, Salomé, tenho de contar-lhe sobre uma maravilha jamais vista antes: uma virgem deu à luz, coisa que a natureza não admite." E Salomé retrucou: "Pela vida do Senhor, nosso Deus, enquanto eu não colocar o meu dedo para verificar o estado dela, não acreditarei que uma virgem deu à luz."

E a parteira entrou na gruta e disse: "Maria, deite-se para esclarecer uma grande discussão que surgiu com relação a ti." E Maria, ao ouvir isso, deitou-se e Salomé pôs o dedo para examinar o estado dela. Mas de repente começa a gri-

tar, dizendo: "Ai de mim! Maldito seja o sacrilégio que cometi e a minha falta de fé! Tentei o Deus vivo e, vejam, minha mão desprendeu-se do meu corpo, consumida pelo fogo." E orou ao Senhor.

Já que, nos quadros reunidos neste livro, eu me preocupo precipuamente com a figura da Mãe de Deus, quero mencionar que a Igreja, até o final do século IV, não promovia festas marianas. Um dos primeiros a louvar Maria e destacar sua participação na obra da salvação do Senhor é Efraim, o Sírio (morto em 373). Cito, a seguir, trechos de sua pregação da Epifania:[2]

Hoje Maria transformou-se para nós no céu que abriga Deus; pois desceu nela a mais alta Divindade para com ela morar. Nela, a Divindade tornou-se pequena para engrandecer a nós, pois, graças ao seu caráter divino, ela não é pequena. Em Maria, a Divindade teceu para nós a veste (da graça e da salvação...). Dela emanou a luz que afugentou as trevas do paganismo..."

Nas festas da Epifania e do Natal, Maria também é festejada. Outra comemoração em memória da Mãe de Deus realiza-se em 26 de dezembro. É denominada "Festa da Mãe de Deus" (L. Heiser). "O título *Theotokos* já é usado antes do Concílio de Éfeso (431), mas só é definido e adotado do ponto de vista teológico depois que surgiu uma polêmica (a respeito da discussão sobre as duas naturezas de Jesus Cristo)" (L. Heiser).

Já no século III, Orígenes registra que Jesus Cristo é homem e Deus ao mesmo tempo. Que idéia ousada!

Atanásio de Alexandria (morto em 373) propõe esta tese: "Deus tornou-se homem para que o homem se torne Deus."[3] Deus, assumindo a condição de homem reúne as duas naturezas, lança uma ponte sobre as duas naturezas, o abismo que separa o divino do humano e supera a si próprio. O endeusamento do homem significa restabelecer a unidade e integridade originais.

Portanto, o ícone do nascimento leva-nos a refletir sobre a encarnação de Deus e, ao fazê-lo, não esquecemos que uma *Mãe* participou desse processo, nem que esse acontecimento coincide com o início do caminho de vida de um *homem*, o homem Jesus.

Todas as teses sobre a encarnação e todas as descrições do nascimento divino tendem a parecer, para a nossa razão, paradoxos difíceis de compreender; por isso, prefiro meditar primeiro sobre o fenômeno bem normal do nascimento do homem. Quem participa do nascimento de uma criança, seja como mãe, seja como ajudante, sabe da emoção desse acontecimento. Dificilmente uma experiência pesa tanto sobre o corpo e a alma quanto um parto. Ficamos traumatizados com as dores e nos assustamos com a violência com que a nova vida foge de nosso corpo; trata-se, realmente, de um "rompimento do colo materno"[4], como diz a lei mosaica. Este acontecimento revela-nos algo sobre a natureza fatal e inevitável dos processos elementares da nossa vida. Ao lado de toda alegria com uma criança recém-nascida, invade-nos o medo da proximidade da morte. E quem não conhece as lágrimas do alívio, do relaxamento e da exaustão que se seguem a um nascimento? Mas também a alegria é arrasadora; todo nascimento é, a rigor, um milagre. Para mim, é uma das experiências limítrofes.

Tudo o que eu disse aqui sobre o que acontece em relação ao nascimento de um ser humano é encontrado no nosso ícone; mas também muito mais do que isso. É importante lembrar mais uma vez que ícones são imagens arquetípicas. Isso quer dizer que o teor dessas imagens é identificável em todos os estágios do desenvolvimento e pode ser interpretado em todos os níveis da percepção humana, do mais elementar até o mais espiritual. Depende do poder de percepção, do desenvolvimento ou do ponto de vista de cada pessoa saber em que nível ele chega a dar-se conta do que se passa dentro dele ou, vice-versa, saber como consegue preencher os moldes arquetípicos da imagem com a própria experiência de vida ou com conhecimentos teológicos. É preciso voltar sempre a destacar que ícones não representam o mundo histórico visível, mas apresentam-nos normas e moldes em que podemos encaixar a nossa própria experiência intelecto-espiritual. Em outras palavras, este ícone não fala só do nascimento de Jesus, mas também do desenvolvimento da imagem interior de Deus na própria alma; esse desenvolvimento sempre é acompanhado de novos impulsos vitais.

Este ícone russo é do século XVI. Como vemos, a Igreja Oriental apresenta-nos uma imagem do cenário do nascimento bem mais dramática do que as representações relativamente idílicas da arte sacra ocidental. Aqui não se vê nada da maneira carinhosa e comovente com que as figuras se voltam para a criança e pouco da cálida proteção na manjedoura e no estábulo. A santidade e a seriedade do acontecimento são retratadas de forma diferente.

Do ponto de vista das cores usadas, os ícones que tratam da cena do nascimento diferem muito entre si. O nosso chama a atenção pelo forte contraste entre o vermelho e o verde. Vermelho e verde são cores complementares que se intensificam, cada uma à sua maneira específica, como já mostrei no primeiro ícone. Vermelho e verde podem-se chamar cores vitais; dão força de vida ao quadro. O verde é relacionado com o crescimento e com a evolução; o vermelho, com o sangue, com o amor e com a paixão, só para citar algumas significações.

No centro do quadro, a Mãe de Deus está deitada numa esteira do tipo usado pelos peregrinos israelitas. O formato dessa esteira vermelha ou envoltório lembra claramente o próprio nascimento. Atrás da Mãe, quase sem chamar a atenção, descansa a Criança divina, enfaixada, sobre um altar de sacrifício. Ela é vigiada por um boi e um jumento que lhe proporcionam calor. A mãe, pensativa, está acordada e voltada para o lado oposto ao da criança, inteiramente envolta num manto escuro. Precisará dele para proteger-se? Será que a cena sugere a fase da meditação pós-nascimento, conhecida de todas as jovens mães? Tons marrons sugerem a necessidade de proteção. Maria ainda não está protegida, ainda está de passagem e desconfiada do estranho fenômeno do nascimento divino. Ela é invadida por dúvidas a respeito do destino da criança e de seu próprio destino. Está cansada pelo parto, segundo ressalta a teologia ortodoxa. Está cansada, porque precisou dar à luz como qualquer outra mulher. É também por essa razão que ela aparece deitada; o leito do parto lembra o formato amendoado da mandorla. Esta sempre simboliza passagens; o seu formato e o seu simbolismo são inspirados na vagina. Encontramos acima de portas de igrejas, onde elas simbolizam a entrada no colo da Igreja-mãe.

O que a mandorla representa realmente é um segredo permanente, visível, mas inexplicável. Por exemplo, Cristo é representado, em sua viagem ao inferno ou na ressurreição, dentro de uma mandorla; da mesma maneira como Maria por ocasião do nascimento do seu filho, por meio do qual ela nasceu para si mesma.

Quero também mencionar a freqüente associação que se faz com a vagem e o fruto ou com a cápsula da semente e o grão; para quem observa este ícone, o centro parece confirmar isso.

A diagonal muito acentuada a partir da esquerda, embaixo e para a direita, em cima, cria a impressão de que algo está ocorrendo progressivamente, o que dá ao quadro uma grande dinâmica. Instintivamente, lembramos a noção do Logos, que significa não só "palavra", mas também nascimento e desenvolvimento. Um nascimento não produz só a criança, mas também a mãe, o maternal.

Na teologia ortodoxa, a encarnação ocupa um lugar central: "Deus quer encarnar-se em tudo", lê-se com freqüência; ele quer nascer em toda parte. De acordo com essa tese, este ícone ensina-nos sobre o nascimento de Deus em cada homem e sobre a encarnação como uma dádiva eterna.

Ao lado da Mãe de Deus que aparece deitada no primeiro plano, é preciso não esquecer a criança divina: quase imperceptível no segundo plano, por enquanto envolvida em suas faixas e, nesta imagem, com uma fita vermelha em torno do corpo. Será o laço do amor que acompanhará toda a vida dessa criança? Ou será o fio vermelho da vida, que agora deve ser apanhado e desenrolado? Não o sabemos, mas meditaremos sobre isso. Que a criança está deitada sobre um altar de sacrifícios, já o disse antes. O altar de sacrifícios aponta para o futuro destino da criança.

A presença do boi e do jumento, como fiéis companheiros no nascimento, fundamenta-se no texto bíblico de Isaías 1. 3, segundo qual o boi e o jumento conhecem o seu amo. Mas talvez tenham origem também nas divindades de nascimento dos antigos egípcios. Naquela época, o hipopótamo e o urso eram presença permanente no quarto da parturiente. Simbolicamente, isso talvez possa ser interpretado como significando que em caso de mudanças fatais, também devem atuar nossas forças instintivas e, dependendo das circunstâncias, podemos chegar a ser guiados por elas. Elas não podem faltar quando acontece uma mudança tão fundamental de vida quanto um nascimento, físico ou intelecto-espiritual. O nascimento da criança maravilhosa é um acontecimento de foro intimíssimo, seja nas profundezas da alma da pessoa, seja na própria terra, no sentido de uma renovação fundamental.

A profundidade do acontecimento é marcada nos ícones sobre o nascimento, pelo símbolo da gruta. O nascimento de Cristo sempre é ambientado numa gruta, ao contrário do de Maria, descrito e representado como tendo ocorrido num quarto. No conceito ortodoxo, a própria Terra coloca-se à disposição para ser mãe procriadora. Na figura da criança divina, deram-lhe uma nova semente de vida. O nascimento de Cristo tem dimensões cósmicas. A escuridão da gruta, com a criança no seu interior, quer dizer que "a luz aparece na escuridão" — e não em outras circunstâncias, como se sente vontade de acrescentar complementarmente.

Um lugar estranho ocupa, no ícone, o pai adotivo da criança, José. Isolado, triste, cheio de dúvidas, José está sentado à esquerda, na parte inferior da imagem. Diante dele está uma figura polêmica. Alguns peritos estão inclinados a ver nela o profeta Isaías, que estaria esclarecendo José sobre a natureza inusitada do nascimento; outros supõem que essa figura represente o diabo a importunar José, enchendo-o de dúvidas. Esta segunda interpretação parece-me psicologicamente a mais verossímil. A figura aparece com um pastor vestido de peles. Geralmente, ela empunha um bastão seco e nodoso provido de ganchos. Esse símbolo ambíguo faz-me pensar numa figura obscura de contos folclóricos dos povos eslavos. Trata-se do temido lobo manso que, sub-repticiamente, no disfarce de um pastor vestido com peles, se aproxima de suas vítimas para confundi-las e tentá-las, como faz o diabo, com todos os tipos de miragens, inverdades e dúvidas. Vez ou outra, no seu lugar, encontra-se nos ícones um bode preto; para mim, é um indício de que realmente se pretende representar uma tentação diabólica. Segundo relatos apócrifos, o diabo estaria dizendo a José: "Como deste bastão seco não podem brotar folhas, uma virgem não pode dar à luz." (Mas mesmo assim, o bastão fez brotar folhas — como nota o comentarista).

José está na difícil situação de um homem que fica sabendo que um arquétipo em vias de tomar corpo (neste caso, a criança divina) sempre tem dois lados, e evoca ao mesmo tempo situações positivas e sombrias. A figura diabólica representa a advertência de que, quando ocorrem eventos transcendentais, uma salutar dose de ceticismo é aconselhável. José é um carpinteiro: como figura interior, poderia representar um homem de raciocínio sóbrio como nós, que preferencialmente age com base em reflexões razoáveis e não em acontecimentos e promessas de resultados imprevisíveis. As dúvidas, por mais desagradáveis que sejam, ajudam-nos a distinguir o que é demoníaco do que é maravilhoso. A auréola de José recebe um reflexo incandescente vermelho do leito do parto de Maria; José parece meditar sobre essa vermelhidão e sobre tudo o que ela traz consigo.

Nos hinos sagrados da Igreja Oriental, leva-se em conta o problema de José, ao qual é dedicado um dia santo. A seguir, cito um trecho do *akathistos*:

> Por sentir a maré agitada,
> de pensamentos antagônicos,
> o sisudo José ficou confuso;

olhando para Ti, a imaculada,
a desconfiança o abalou —
Será que Tu, sem repreensão, embora às escondidas,
não tiveste um homem?
Explicada a concepção pela palavra
do Espírito Santo,
José exclamou: "Aleluia!"

Embaixo, no quadro, à direita, vemos a parteira da criança junto com Salomé, cuja mão murchou quando ela quis tocar o "intocável", o incompreensível. Ao tocar a criança, porém, ela foi curada. A banheira mostrada no ícone tem forma de cálice, o que simboliza a posterior pia batismal e o cálice do sofrimento. Ao lado da Mãe de Deus, à esquerda, estão três anjos e, acima deles, o anjo que dá a Boa Nova aos pastores. À direita da Mãe e do Filho, estão chegando dois pastores que cantam hinos e tocam flautas para eles.

Do segundo plano, acima à direita, chegam à manjedoura os três magos, que vêm de longe, a cavalo. Os três têm idades diferentes para demonstrar que cada um deles, ao seu tempo, presencia o ato da revelação, independentemente da idade e da experiência. Trazem para criança ouro, incenso e mirra.

O que significam esses presentes? Dizem que o ouro cabe ao rei. Os magos reconhecem na criança aquele que está acima deles. Simbolicamente, o ouro ocupa lugar próximo da luz do sol e da eternidade. O ouro permanece igual através dos séculos, é imutável — um altíssimo valor eterno.

O incenso sempre foi oferecido aos deuses para que eles se afeiçoassem aos homens. Também é o símbolo da transformação e do sacrifício. Como o grão de incenso se queima no fogo e sobe ao céu de forma modificada, o Filho do Homem é transformado graças à sua abnegação e encontra, como Filho de Deus, o caminho de volta ao Pai. A imagem do incenso veicula para nós todos a mensagem de que é possível transformar o homem.

A mirra é a resina de cheiro aromático e de gosto amargo de uma árvore balsâmica especial. Ela nunca é usada sozinha; sempre é misturada com outros óleos. Dizem que tem efeito curativo e protege contra o desgaste da idade. A mirra partilha sua importância com outros óleos de unção de cheiro aromático. Ungir com substâncias bem cheirosas sempre significa transmitir energia vital, elixir da vida e vitalidade. O amargor da mirra, por sua vez, significa que a cada vida é misturada uma gota de tristeza e também à vida da criança divina; sim, especialmente à dela. A vitalidade da alma exige a inclusão das amarguras do nosso destino. O presente que recebemos por um ato de graça, que chamamos de o nosso filho interior, traz não somente alegria, mas também sombras profundas. É como se os três magos, com os seus significativos presentes, pretendessem, de algum modo, marcar a vida e o destino da maravilhosa criança. O ouro, o incenso e a mirra imprimirão o seu cunho na vida dessa criança.

No centro da imagem, no alto, podemos ver o símbolo de Deus, a *Sphaira* (esfera). Ela é escura e só é visível parcialmente, da mesma forma como o divino só pode ser vivido parcialmente, sempre. Da esfera sai uma estrela com três pontas, que se mantém no local do acontecimento e, como os seus três raios, rompe o seio da Terra. No nosso ícone prevalece o verde. Isso faz-nos sentir tão precisamente a forma como toda a Terra verdeja e floresce graças à nova luz que nela penetrou. Nas crenças religiosas dos antigos povos eslavos acreditava-se que o Sol nascente, igual a um jovem Deus, engravidasse a terra com os seus raios, e que ela, depois, libertasse de seu colo maternal e desse à luz, os seus filhos — ervas, flores e frutas. Nossa imagem transmite um eco dessas antigas crenças.

Acho que algo mais merece ser mencionado: quem contempla a imagem concentradamente talvez perceba que ela está estruturada sobre um triângulo. Para mim, o sinal de Deus (acima, no centro) está ligado aos dois grupos à esquerda e à direita, embaixo. Nesse triângulo, a progenitora descansa junto ao filho divino. Será que não deveríamos ver na tríade e no triângulo um símbolo da Santíssima Trindade que domina toda a nossa vida? Ou deveríamos dar fé às outras crenças, segundo as quais a trindade pertence às deusas da fertilidade? De acordo com essas idéias, o número três está ligado à geração, à concepção e ao nascimento; seria, portanto, o sinal da vida em constante renovação. Essa interpretação apóia o conceito original da Igreja Oriental da Mãe e da Mãe de Deus, que confere ao feminino aspectos expressamente criativos e dinâmicos. Se identificamos acima o Sol como força masculina fecundadora e vitalizante, quero aqui caracterizar a Terra como força feminino-materna, que molda e resolve as coisas.

Os pensamentos aqui expostos giram em torno do nascimento divino e espiritual: "Deus fez-se homem — por intermédio de um nascimento — para que o homem se tornasse Deus." Nesta ordem de pensamentos, a Mãe de Deus ocupou a nossa atenção mais do que a criança. Analisamos parcialmente algumas experiências que se agrupam em torno do acontecimento central. Muito mais poderia ser dito. Mas o que o nascimento significa no seu sentido mais profundo, uma experiência interior, não pode ser descrito com palavras. É preciso que nós mesmos sintamos isso — como sofrimento e graça recebida.

Gregório Nazianzo ensina-nos como também nós podemos ir ao encontro desse acontecimento e contribuir para a união do Céu e da Terra. Ao fazê-lo, unimos também as forças antagônicas dentro de nós e ao nosso redor — e assim encontramos, nós mesmos, uma nova vida, uma nova vitalidade.

Vai com a estrela,
dá o teu presente junto com os Magos,
louva com os pastores,
alegra-te com os Anjos,
canta com os Arcanjos,
para que se cumpra a vitória comum
das forças celestiais[5] e terrenas.

Nasceste escondido na gruta.
O que te ofereceremos, Cristo, ó Deus,
que nasceste como homem na Terra por nossa causa?
Todas as criaturas tuas
te presenteiam em agradecimento:
os Anjos com os hinos,
o Céu com a estrela,
os Magos com presentes,
os pastores com admiração,
a Terra com a gruta,
o deserto com a manjedoura,
mas nós te damos uma Mãe virgem.[6]

Hoje a Virgem dá à luz o ser mais elevado
E a Terra oferece uma gruta ao inacessível
Anjos e pastores cantam hinos de louvor,
Os Reis Magos seguem a estrela.
Pois a criança nasce para nós, ó Deus sempiterno.[7]

Vejo um mistério estranho
E repleto de contradições:
A gruta, como o céu,
A virgem, como
trono do querubim,
A manjedoura, como um espaço limitado
No qual repousa o ilimitado,
Cristo, Deus,
A quem erguemos hinos de louvor.[8]

Ramo da raiz de que fala Isaías,
E flor que viestes dela, Cristo,
Floresceste da Virgem.
Da montanha, ó louvado,
Coberta de vegetação doadora de sombra, Tu vieste,
Tornado carne, nasceste daquela em que homem nenhum tocou.
Pois és o imaterial, és Deus.
Honra ao teu poder, Senhor![9]

A Mãe de Deus amamentando

Um dom e uma missão

Este ícone está historicamente documentado na Igreja Ortodoxa (cópia) desde o século VI; na Igreja Romana, desde o século III. O nosso ícone é de origem russa e do século XVI.

Possivelmente, o seu ponto de partida é o texto do Evangelho de Lucas 11. 27: "... felizes as entranhas que Te trouxeram e os seios que Te amamentaram." Ao mesmo tempo, a figura da Mãe que amamenta representa uma versão cristã das antigas figuras das deusas-mães, como, por exemplo, a Ísis que amamenta o menino Hórus. Consta que existem 128 tipos fixos — os números variam — de representações de mãe e filho. Nós nos perguntamos: por que tantas variantes quase idênticas? Uma das respostas reside provavelmente no fato de que esse tipo de ícone nunca se limita a retratar o comovente amor materno, mas também representa a encarnação divina e exprime a relação específica entre Deus e o homem, sujeita a intermináveis variações. Podemos pensar comparativamente nas inúmeras representações do São Cristóvão, que carrega o Menino Jesus nos ombros ao atravessar um rio. Essa imagem sempre reaparece, até os nossos dias. Qual pode ser o motivo disso? Todos nós fomos incumbidos da tarefa de nos tornarmos, de uma maneira ou de outra, Cristóvão, o homem que carrega Cristo. Parece que o homem sempre volta a sentir necessidade de expressar num quadro essa inexplicável experiência da semelhança com Deus ocorrida com ele. Que extraordinária dignidade o mito cristão confere ao homem nesses ícones. Estamos conscientes disso na medida necessária?

Nosso ícone acentua o aspecto nutritivo. Como a mãe que amamenta o filho dá-lhe alimento de ótima qualidade, o divino quer ser alimentado por nós da mesma maneira. Não basta receber humildemente uma dádiva ocasional de Deus; é preciso alimentá-la e cuidar dela para que floresça. Ela não é apenas uma dádiva; é também uma tarefa. Nosso ícone irradia calor vermelho-dourado e coloca-nos literalmente num ambiente de aconchego de dedicação e de Eros. Tudo brota, floresce e vive. A cor laranja, diga-se de passagem, é formada por uma fortíssima síntese de amarelo e vermelho, de luz e matéria. Portanto, é outra vez o Céu e a Terra que se unem neste ícone.

No ícone "A Mãe de Deus do Sinal" (ver na página 43) vemos que a criança, como uma profecia, paira diante do peito da Mãe. No ícone de que estamos falando, ficou claro quem e o que é, na realidade, a criança prometida. Agora é preciso "dar uma mãozinha à criança", isto é, cuidar dela e considerá-la como uma dádiva e uma missão. São possíveis numerosos tipos de relação com a criança divina. É preciso encontrar uma maneira própria para aprimorar essa relação.

A auréola da criança indica que ela está sujeita ao simbolismo da cruz; portanto, à problemática do antagonismo. Quem quiser cuidar dessa criança, deverá também suportar sua natureza antagônica. A Mãe e a Mãe de Deus terão de "reconciliar o irreconciliável".[1] Evidentemente, essa criança deve juntar dentro de si os opostos de "ser verdadeiro Deus e verdadeiro homem", o que realmente não é uma tarefa fácil! Que se trata de um processo eterno de dimensões verdadeiramente cósmicas fica evidenciado pelo Sol e pela Luz que aparecem na imagem acima, à esquerda e à direita, ladeando a criança como se fossem os padrinhos dela. A mãe dá à criança o peito, que tem o estranho formato de uma maçã. Quase automaticamente, ocorre-me o caso de Eva que oferece a Adão a fruta fatal. Lembremo-nos de que Maria, nos hinos, é louvada como a "redentora de Adão", "ama da verdadeira vida".[2] Será que o nosso ícone quer dizer que agora, num estágio diferente, repete-se e repara-se o que outrora foi considerado um rompimento com Deus? Oferecer o fruto tentador ou o seio para amamentar — considero ambos os gestos como iniciação na vida, na doçura da vida.

O leite e o mel são identificados como símbolos da doçura e dádivas divinas da natureza; outrora, consumi-los era uma espécie de sacramento e fazia parte dos ritos de iniciação em alguns sistemas religiosos (por exemplo, nos cultos a Átis e Mitras).[3]

Nos ritos copta e armênio ainda hoje se oferece, imediatamente depois do batismo e da eucaristia, uma mistura de leite e mel. (Recomendo aos leitores prestarem atenção, caso seus sonhos falem em amamentar ou em leite e mel.)

"Mãe de Deus, a "rica em leite", é considerada símbolo da vitalidade e da fertilidade. As árvores, as plantas e as flores do ícone também nos dizem isso.

Para concluir o que foi dito acima, cito a seguir um hino do *akathistos*, o mais antigo hino de louvor a Maria, da Igreja Oriental, cantado há mais de mil anos.

Salve, rebento do tronco que nunca murcha;
rica em fruto puro.
Tu alimentas a quem nos dá o alimento;
encaminhas para vida quem conduz a nossa vida.

Salve, que riqueza de misericórdia
Tu cultivas em Tua seara;
como de um altar, levantas a bênção da reconciliação.
Tu, que fortaleces o corpo com fartura,
Tu, que preparas o envoltório que abriga as almas,

Salve, Mãe-Virgem![4]

De terra incultivada fizeste brotar
a uva que dá vida,
que dá vida ao mundo.
Mãe de Deus, salva os que Te cantam hinos.
Como Mãe de Deus, ó toda pura, nós, todos os iluminados
Te reconhecemos. Pois deste à luz, eterna Virgem,
o Sol da Justiça.[5]

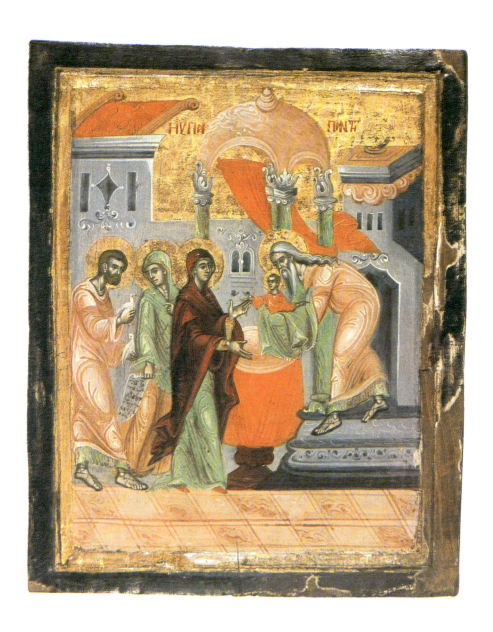

A Apresentação

A OUSADIA DA VULNERABILIDADE

Esta festa é comemorada desde o século IV e é conhecida, entre nós, como a festa de Nossa Senhora das Candeias (2 de fevereiro). Ela foi criada para substituir os ritos pré-cristãos ou não-cristãos da fertilidade. Os cristãos comemoravam-na com procissões em que as pessoas portavam tochas ou velas. A existência desse ícone está documentada desde o século IV, em Roma. E a partir do século VI, surgiu também na igreja bizantina. O ícone que estamos analisando é do século XVII.

Ele corresponde ao texto de Lucas 2. 21-40:

Completados os oito dias para circuncisão do menino, deram-lhe o nome de Jesus, como lhe chamara o Anjo antes de ser concebido. Quando se completaram os dias para a purificação dele, segundo a lei de Moisés, levaram-no a Jerusalém a fim de apresentá-lo ao Senhor, conforme o que está escrito na Lei do Senhor: Todo primogênito será consagrado ao Senhor, e para oferecer em sacrifício, segundo que está escrito na referida Lei: um par de rolas ou dois pombinhos. E havia em Jerusalém um homem chamado Simeão que era justo e piedoso; ele esperava a consolação de Israel e o Espírito Santo estava nele. Fora-lhe revelado pelo Espírito Santo que não veria a morte antes de ver o Cristo do Senhor.

Movido pelo espírito, ele foi ao Templo; e quando os pais trouxeram o menino Jesus para cumprir as prescrições da Lei a seu respeito, ele o tomou nos braços e louvou a Deus, dizendo: Agora, Senhor, podes despedir em paz o teu servo segundo a tua palavra; porque os meus olhos viram a tua salvação, que preparaste diante de todos os povos: uma luz para iluminar os gentios, e para a glória de teu povo, Israel. E estavam o pai e a mãe do menino admirados do que diziam dele.

Simeão abençoou-os e disse a Maria, mãe do menino: Eis que este menino foi colocado para ruína e para soerguimento de muitos em Israel, e como um sinal de contradição. E a ti uma espada transpassará tua alma, para que se manifestem os pensamentos de muitos corações.

Havia também uma profetisa, chamada Ana, muito avançada em idade, filha de Fanuel, da tribo de Aser, que vivera com o seu marido sete anos desde a sua virgindade. Achava-se esta então viúva, com oitenta e quatro anos de idade. Ela não se apartava do Templo, onde servia a Deus noite e dia com jejuns e orações. Chegando nessa mesma hora, ela dava graças a Deus e falava a respeito do menino a todos os que esperavam a redenção de Jerusalém.

Cumpridas todas as prescrições segundo a Lei do Senhor, voltaram para Galiléia, para a sua cidade Nazaré. E o menino crescia, tornava-se robusto, enchendo-se de sabedoria; e a graça de Deus estava com ele.

O ícone mostra-nos, à direita, o velho Simeão no momento em que está recebendo a criança; à esquerda está a Mãe de Deus, fazendo gestos com as mãos e, atrás dela, Ana com um rolo de pergaminho no qual está escrito: "Esta criança criou o Céu e a Terra"; atrás das mulheres, vem José com as duas rolas. Toda a cena se passa debaixo de um *kiborion*.[1] A estrutura do quadro lembra o ícone da "Apresentação de Maria no Templo". O que está representado neste quadro também mostra certa semelhança com aquele, já que nos dois ícones uma criança é levada para um determinado lugar, o Templo de Deus, e uma vez que, nos dois casos, algo acontece com a criança no Templo. No nosso ícone, dá-se a entender que Maria é obrigada a passar adiante o seu Filho. Simeão está ali representando todos os fiéis, aos quais estão sendo oferecidos, por meio desse ato de sacrifício, a criança divina, o reavivamento e a alusão à vida eterna. De acordo com os conceitos do Antigo Testamento, o primogênito é propriedade de Jeová, e tem de ser resgatado mediante uma sacrifício em dinheiro. Maria resgata o seu Filho com o sacrifício de purificação, e José, com as rolas que trouxe (pela lei, a rigor, tinha de ser uma ovelha). Poderíamos dizer que os pais são obrigados a confirmar conscientemente que querem mesmo ter o filho, e devem consegui-lo e aceitá-lo fazendo sacrifícios. Isso também se manifesta no rito religioso da apresentação, quando a mãe, depois de abençoada a criança, deve levantá-la mais uma vez do chão.

Este ícone é denominado pela Igreja Oriental de ícone do "Encontro" ou também da "Aceitação". Esta última palavra abrange mais do que "Apresentação". Apresentar parece ser só a metade do que está acontecendo; a outra metade é a aceitação. No texto russo, insinua-se muito discretamente a possibilidade de ser negada a aceitação daquilo que aqui se pretende apresentar. Lemos que Maria apresenta algo inexplicável do "sexo masculino" que "rompeu o seu seio pela primeira vez", uma criança cuja concepção ela não consegue explicar. Apesar de essa criatura ser fruto do seu ventre e de seu próprio ventre, é estranha para ela por ser homem. O que será dessa criança no futuro? Qual será o seu lugar? Muitas jovens mães podem estar fazendo as mesmas perguntas.

Sabemos que toda vida jovem exige proteção, cuidados, amparo e aceitação: seja esta vida nova, não importa, uma criança, uma planta ou alguns pensamentos independentes que nos passam pela cabeça. Em todos os casos, as perguntas são: em que meio ambiente colocarei essa coisa tão delicada? Onde a encaixarei? Onde é o lugar no qual ela pode florescer?

Coerentemente, Maria leva o menino ao Templo, pois dizem que ele é "Filho de Deus". Portanto, encontrará o seu lugar na Casa de Deus; mas nós precisamos acomodar o nosso filho, provavelmente, num outro lugar, num espaço menor, mais subjetivo.

O texto e a imagem dizem insistentemente que não devemos colocar a nossa "criança" em qualquer lugar, em qualquer recinto vazio, mesmo quando ela não é mais do que uma idéia fecunda. Precisamos de algo do lado oposto, de alguém que nos receba e que nos informe se a criança chegou; se ela, do jeito que é, pode ser acomodada; se encontra compreensão e, se no lugar a que chegou, faz sentido e promove a vida.

Texto e imagem mostram-nos o encontro entre um ancião e uma jovem mulher com um filho. O que é que torna esse encontro tão emocionante? Para compreender isso, é preciso levar em conta ambos os papéis: o de quem apresenta e o de quem recebe. A própria vida logo nos fará assumir ora um ora outro papel.

Toda jovem mulher pode, no seu respectivo estágio de vida, ter uma experiência semelhante à de Maria; assim, por exemplo, quando mostra o seu primogênito ao avô que, com alegria e satisfação, recebe a notícia de que o herdeiro chegou. A jovem vida faz o seu coração bater mais depressa. A continuação da família está assegurada. A Mãe está feliz por saber que sua criança foi aceita.

Um encontro semelhante pode ocorrer no caso de um homem que guarda um precioso segredo e quer revelá-lo. Ele procura uma pessoa de ouvido e coração abertos que, na sua opinião, garantem que o que tem a comunicar será aceito. Quem o aceita será um pouco mais rico em conhecimento.

Um artista também pode enfrentar de forma semelhante o interessado em comprar a sua obra: no papel de alguém que corre o risco de oferecer o seu trabalho a alguém que o recebe, compreende e sente-se enriquecido com isso. Entre ambos há uma atmosfera tensa, igual à que pode ser detectada no nosso ícone.

O relato e a imagem aconselham-nos a não manter em segundo plano a nossa "preciosa criança" — nem a real, nem a espiritual — mas, no interesse de seu desenvolvimento, submetê-la à avaliação objetiva por outros; como diz o texto, "para cumprir a lei". Devemos examinar a "criança maravilhosa" à luz de normas e, para isso, procurar o que existe e comprovadamente produz resultados (o Templo). Assim, o que ainda é inseguro, encontra proteção e, o que existe, uma nova vida.

Ao contemplar o ícone, notamos que a profetisa Ana caminha atrás de Maria. Ana talvez represente o caráter maternal erudito, mais abrangente, que precisa estar presente no umbral de um novo tempo. O verde do vestido de Ana — verde é a cor do crescimento e do espírito vivificante — continua no vestido da jovem mãe e parece encaminhá-la de encontro a Simeão, que também veste uma roupa verde e a está aguardando numa atitude de expectativa esperançosa. Até as colunas do *kiborion*, que ligam Céu e Terra, estão pintadas numa tonalidade viva de verde.

A imagem como um todo irradia uma atmosfera de sensível inquietação. É um encontro carregado de tensão. Também nos exemplos do dia a dia que apresentamos percebe-se um leve tom de angústia. Medo? Do quê? Cada manifestação de espontaneidade é arriscada. Teme-se o "não" do outro. A preocupação aumenta quanto mais conscientemente planejamos esse passo e quanto mais pessoalmente nós próprios nos envolvemos no que apresentamos. Quem ousa mais é mais vulnerável, e a dúvida a respeito da aceitação aflige-o cada vez mais.

Vemos aqui um ritual de sacrifício. José deve trazer duas rolas como oferenda de sacrifício; é a lei. O sacrifício de Maria é o seu Filho. Ela sacrifica em troca de sua "purificação". Tudo o que é grande demais exige penitência. Depois da experiência extática — o nascimento divino — é necessário um novo enquadramento na norma. Mas Maria tem todas as razões para sentir angústia, já que sabe o que sucederá ao seu Filho: "Eis que este menino foi colocado para ruína e para o soerguimento de muitos em Israel e como um sinal de contradição." O filho dessa jovem mãe, portanto, será a pedra em que muitos tropeçarão. Ainda que Simeão abençoe Maria e aceite a sua criança de bom grado, adverte-a: "... uma espada transpassará tua alma, para que se manifestem os pensamentos de muitos corações" — frase fatal que suscitaria dúvidas em qualquer mãe.

Diferente é a situação de Simeão. Ele vê a sua salvação em saber, ainda, que a casa de Deus se encheu de nova vida. Agora que Maria lhe traz a sua criança, ele tem certeza disso e pode enfrentar serenamente o seu fim (e, com ele, Ana também). Ele está diante da casa de Deus e pode-se dizer que ele representa essa casa. É verdade que ele não parece ser sacerdote, mas é tido como um justo, um homem correto, íntegro. O fato de ele estar na soleira do Templo convence-nos da seriedade desse encontro e da aceitação do menino. Aqui se decide se o que estamos apresentando merecerá a graça de Deus e do destino. Simeão, o homem maduro, reconhece que lhe é entregue uma dádiva de Deus, mas ao mesmo tempo também compreende que essa nova vida causará antagonismos. No nosso ícone, a criança divina é vermelha cor-de-fogo, uma centelha que detonará! Vermelho é a cor da vida pulsante.

Estou preocupada em demonstrar, mediante este ícone e o texto em que ele se fundamenta, que uma apresentação sempre exige também um pólo oposto e que ambos os pólos são igualmente importantes.

Pode haver situações em que nós mesmos desempenhamos o papel de um ou de outro parceiro. Para ambas as partes, este encontro pode ter um significado existencial. Um encontro só acontece quando ambos se beneficiam totalmente, quando cada um recebe ou oferece algo ao outro.

É necessário — e, de acordo com o texto, é "lei" — apresentar nossa "criança interior", da dádiva divina na própria alma, no lugar apropriado. Essas sementes interiores têm um grande efeito e uma grande força explosiva. Quando não nascem, não encontram expressão e não saem de nós, ameaçam explodir-nos e sufocar-nos. Depois que saem, porém, será preciso procurar um homem, um grupo, uma estrutura, uma obra, uma instituição onde as sementes chegam, são recebidas, organizadas, protegidas e possa sobreviver fecundamente. Nunca pertencem a nós somente, mas sempre se destinam a servir também a outros. Para mim, o importante ofício do "receptáculo" é desempenhado por Simeão, o que recebe em nome de Deus e, por trás dele, a estrutura eterna, o Templo. O ícone também alude à integração e à morte: a superestrutura, semelhante a uma baldaquim, sobre o altar e a criança, chama-se *kiborion*. Na Igreja, cobre o receptáculo onde se guardam as hóstias; no quadro, alude à futura morte dessa criança em sacrifício:

> "Tomai e comei, este é o meu corpo, que será distribuído para muitos, para remissão dos pecados..."

Durante o rito da apresentação, a criança — real — recebe o cunho da estrutura antagônica: o sacerdote, no meio da igreja, desenha com a própria criança uma cruz no ar. Esse sinal da cruz pode indicar-nos que também os presentes que nós recebemos pela graça de Deus são antagônicos, pois trazem consigo alegria e tormento. A sua aceitação, por nós ou pelo parceiro do lado oposto, libera sentimentos ambivalentes.

Das minhas considerações, talvez excessivamente humanas, retorno para Simeão, cuja alegria é inequívoca. Ele está convencido de sua salvação; Maria, por sua vez, sabe que seu Filho encontrou a casa apropriada. Ele não só foi apresentado, mas aceito. Submeto os meus pensamentos, outra vez, ao *troparion* e ao *kontakion* do dia:

Alegra-te, cheia de graça, Virgem Mãe de Deus!
De ti nasceu o Sol da Justiça, Cristo,
o nosso Deus, que iluminou a escuridão.
Regozija-te também tu, ancião justo!
Carregas nos braços quem libertou nossa alma,
aquele que, por bondade, dá a ressurreição também para nós.[2]

Pelo teu nascimento, consagraste
o seio materno; abençoaste, como era justo, as mãos
de Simeão
e nos salvaste com o Teu aparecimento,
Cristo, Deus.
Dá paz à comunidade agora ameaçada por uma guerra
e fortalece os governantes do Estado a quem amas,
tu, o único amigo da humanidade![3]

Cristo, o olho que não dorme

SONHAR, CRESCER, TORNAR-SE

Este ícone está documentado desde o século XII. A respeito dele quase não encontrei dados. Parece que ninguém tem muita certeza do que se trata; mesmo assim, fala-se dele há séculos.

Depois de estudar a imagem e os poucos dados que existem sobre ele, cheguei à conclusão de que aqui está representada uma situação transitória, um período de incubação. Mas qual?

A criança não é mais uma criança; tornou-se um adolescente e deixou o colo da mãe. A mãe tem de soltá-la. Mas deixá-la ir para onde? Para um mundo mais masculino; pois à direita está o Arcanjo Miguel, arquiestrategista e lutador contra o mal. Em suas mãos, ele segura uma cruz pronta para ser usada (ocasionalmente, também, o instrumento de martírio). Com isso, a nossa poética imagem é invadida por uma sombria premonição. Cristo está deitado em seu leito, sonhando, mas de olhos abertos (devaneando?). É representado como Emanuel, isto é, com um corpo jovem e rosto de velho. Chamam-no também de "criança-ancião". Com essa denominação, ele é caracterizado por dois pólos conhecidos ou, pelo menos, imagináveis: criança e ancião. De momento, diz a imagem, não é nem uma coisa nem outra, mas um intermediário — aquilo que se situa entre o começo e o fim. Em outros ícones paralelos, ele é visto deitado no mesmo leito vermelho do nascimento, como acontece com a progenitora de Deus no ícone do nascimento (Ícone do Nascimento). Nesta imagem, porém, Cristo está sentado ou deitado em "nada". Paira entre os princípios feminino e masculino, entre os amorosos cuidados maternos e as novas exigências espirituais. Em períodos de incubação, pouco nos agitamos externamente; parecemos estar adormecidos por dentro, mas, na verdade, estamos acordados e tomados de tensão e inquietude. Dentro de nós acontece algo desconhecido. Mas também o contrário é imaginável: cochilamos por dentro, enquanto fingimos estar atentos por fora.

No ícone, a roupa de Cristo é em verde-dourado. Verde é a cor da natureza e do crescimento. Poder-se-ia dizer que o homem natural, Jesus, encontra-se aqui numa fase de transição de seu desenvolvimento para o Cristo divino. Sua verdadeira natureza ainda não se revelou, ainda não se desenvolveu plenamente. Jesus continua "verde", cor que corresponde à sua jovem idade. Ainda não está totalmente impregnado pelo divino.

Em que fase vemos a Mãe do adolescente? Seu vestido quase não contrasta com a relva verde, como se ela mesma fosse um pedaço da natureza a que está entrelaçada; parece um tronco de árvore. A copa da árvore em forma de folhas de palmeira, acima, parece sair da Mãe de Deus e abrigá-la. (Perdoem-me por lembrar instintivamente as antigas deusas das árvores e os espíritos eslavos das florestas!) Aqui está a Mãe de Deus profundamente enraizada na terra, como que representando a "*mater* da matéria". Tudo nela, tudo à volta dela indica crescimento. Ela mesma cresce, deixando sua criança crescer e emancipando-a agora. Encaminha-a para uma liberdade duvidosa; o destino de Jesus está marcado pela cruz, como o Anjo já o demonstra. A cruz, porém, significa vida e morte. Ela alude à estrutura contraditória do homem e ao seu doloroso balançar entre esses opostos. Como o homem consegue reunir as duas naturezas? Na nossa imagem, este processo evolutivo se inicia. Suponho que a imagem esteja insinuando essa situação intermediária, essa fase de incubação.

Por enquanto, os textos propostos para elucidar esta imagem, são enigmáticos para mim:

O primeiro, Salmo 121. 3-4 "... não dormirá aquele que te guarda. Não dorme nem cochila o guarda de Israel." De forma um tanto contraditória, o comentário diz que, no ícone, o próprio Jesus é guardado; daí segue que não seria ele o guardador.

Num outro texto, Gênesis 49.9 fala-se do "leão acocorado de Judá"[1] que não deve ser incomodado. Da palavra "acocorado" pode-se deduzir uma eventual disposição do leão para saltar, isto é, que a força do poderoso por enquanto continua latente. A liturgia do Sábado de Aleluia escolhe o mesmo texto, ainda que numa tradução diferente. A associação de idéias com os acontecimentos do Sábado de Aleluia confirma as minhas suposições sobre o sentido do ícone.

Além disso, faz-se referência também à "parábola do leão" do *physiologus* do período inicial do Cristianismo, na qual o leão adormecido mantém os olhos abertos. O comentarista vê a relação do nosso ícone com a parábola, da seguinte maneira: "O homem Jesus Cristo descansa durante a morte na cruz, enquanto sua personalidade divina está acordada."[2] Isso leva-me à conclusão de que Jesus, como um ser humano-terreno, dorme; Cristo, como um ser eterno-divino, está acordado.

Transpondo isso para a nossa própria alma, eu me posiciono da seguinte forma: O nosso "eu" ou a nossa consciência do "eu", comparo com "Jesus"; o nosso "si-mesmo" (*imago dei in homine*); comparo-o com "Cristo" (ver Gálatas 4. 19: "... até que Cristo seja formado em vós..."). O "eu", por estar limitado, nem sempre está consciente de suas fases e metas; o "si-mesmo", como componente espiritual-divino dentro de nós, sempre pressente o rumo das coisas e o sentido da nossa vida. O "eu" corresponde à criança ingênua que está dormitando, enquanto que o "si-mesmo" corresponde ao ancião que sabe e que está alerta. Por isso, neste ícone, vemos Jesus Cristo representado como uma criança-anciã. Entre os dois estágios de criança e ancião situa-se, como fase de crescimento, o processo de espiritualização ou deificação, que não pode ser perturbado. Talvez seja esta a razão pela qual em alguns ícones, está presente um segundo anjo com um leque na mão para, como dizem, afugentar "as indesejáveis moscas"!

O grande número de pássaros no quadro lembra contos infantis, segundo os quais Jesus moldava passarinhos com barro e depois dava-lhe vida. Mas representa também um belo quadro da revoada dos pensamentos dos jovens.

Todos nós conhecemos períodos de transição semelhantes; eles ocorrem em todas as idades. De forma mais perceptível, aparecem na fase da puberdade. Nesses estágios da vida, sentimo-nos alienados do nosso próprio modo de ser e ainda não encontramos a nova forma e a nova sensação de vida vinculada a essa fase. Na melhor das hipóteses, pressentimos o que virá. Encontramo-nos, portanto, num estado de indefinição semelhante ao do jovem Cristo do nosso ícone, que está numa fase de transformação, e oscilamos, como ele, entre uma situação de proteção passada e de duras exigências futuras. Também Cristo — no ícone — vira as costas para as perspectivas futuras ainda não distinguíveis. Ainda que não feche os olhos ao que virá, prefere cochilar mais um pouco. A plenitude de seu poder e de sua força ainda está se desenvolvendo; o leão ainda está "acocorado". O momento do salto ainda está por vir.

Pode-se entender e considerar este quadro como o ícone da transição e do começo da iniciação. A recomendação do manual do pintor parece confirmar a minha opinião. Ele diz que este quadro deve ser pintado "acima da porta". Porta, portão e porteira sempre simbolizam entrada, passagem, travessia, saída. Sempre interligam duas áreas. Possivelmente, este ícone mostra-nos a imagem do *anthropos*, do homem que paira entre dois poderes e domínios que o constituem: à esquerda, representado pela mãe, o princípio terreno-temporal; à direita, o espiritual-divino. Caberia aqui dizer que a imagem veicula uma premonição da cruz?

Quando elaborei este livro, encontrei casualmente num livro a palavra *anapeson*, que tem que ver com este ícone. *Anapeson* significa o estado que antecede o *kairos*, a hora certa, o tempo certo. *Anapeson* deriva do verbo *anapipto*, que significa cair, precipitar-se, deitar-se, acomodar-se. Minha interpretação, portanto, parece corroborar a minha impressão de que o ícone representa um pré-estágio ou um estágio intermediário. Também a estranha expressão adicional, "o que caiu no precipício" que às vezes é usada, agora ganha sentido. Será que possivelmente significa a depressão em que caímos, às vezes, quando vemos aproximarem-se de nós exigências não avaliáveis e a necessidade de dar novos passos que não podem ser identificados com segurança, como acontece com o jovem Cristo que ainda está em fase de desenvolvimento?

Anapeson pode significar a calmaria antes da tempestade, antes da hora gloriosa e antes do salto do leão.

Theotokion:

> Deixaste brotar o rebento,
> que não tem início, igual ao Pai,
> a flor da divindade,
> o rebento igualmente eterno,
> que dá vida, ó Virgem, a todos
> os homens.[5]

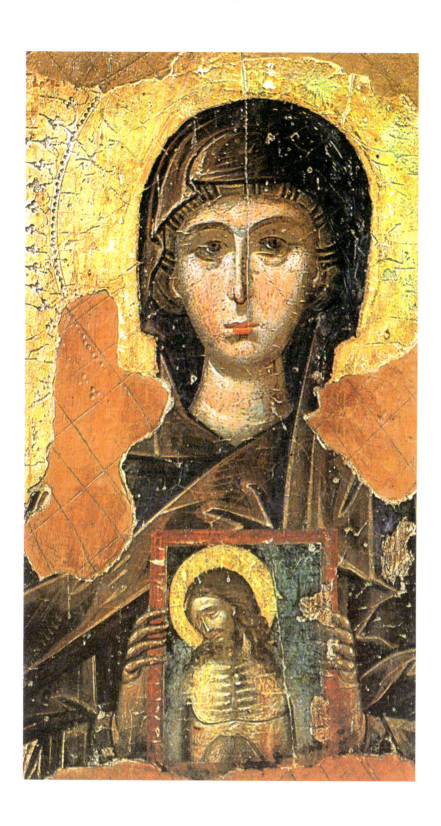

O Cristo que sofre interiormente

A PERDA DO SI-MESMO

Este ícone é fora do comum; não encontrei variantes dele, nem textos, nem comentários. Não se trata de uma imagem da Mãe de Deus, mas da mártir Paraskewa. Não vou contar aqui a vida dessa santa, mas tomo a liberdade de, mesmo assim, incluir esse ícone na minha coleção de ícones que retratam o feminino. Já que a minha intenção é ligar esse ícone ao de "Cristo, o olho que não dorme", comentado no capítulo anterior, faria sentido ver nele a premonição e a dor de uma mãe que perde o filho para a vida e para o destino dele. O fim do papel de mãe pode trazer sofrimento. Abrir mão do filho, na maioria dos casos, representa também para a mãe atravessar um umbral crítico. Em certo sentido, o filho "morre". Sentimentos como o de não poder fazer nada e de compaixão, às vezes tortura bastante os pais, quando o filho começa a carregar a sua própria cruz. Não quero limitar-me a estes pensamentos, mas ampliar as minhas meditações.

A figura do crucificado ocupa lugar central no Cristianismo. Os cristãos refletem sobre o crucificado; muitas idéias surgem dessa reflexão. Uma delas, entre muitas outras, é, para mim, a questão de saber se a "crucificação" como processo psíquico é privativo do homem ou se também a mulher deve passar por um processo tão doloroso, ainda que de modo diferente. A rigor, e como imagem arquetípica, crucifica-se um homem, Jesus Cristo, e não um mulher. Qual o ícone que nos mostraria o sofrimento comparável da mulher? Por intermédio de que símbolo ele se expressaria? Longe de poder responder a esta pergunta e a outras semelhantes, mesmo assim fiz questão de levantá-las, justamente porque elas sempre me acompanharam, especialmente ao examinar este ícone.

Conhecemos o Jesus sofredor, moribundo. Conhecemos textos, como o de Gálatas 4. 19, que fala do Cristo interior que deve tomar corpo em nós. Mas como entender um "Cristo moribundo em nós", como é sugerido pelo ícone? Mas se o nosso si-mesmo significa a mesma coisa, naturalmente expressa de outra forma, como a noção do Cristo interior, se este algo, igual a um espelho cunhado na alma dos homens, leva a imagem de Deus, então tortura-me a pergunta: pode o si-mesmo, a nossa fonte mais íntima de força, morrer?

Em todos os ícones até agora examinados, entendemos a criança espiritual ou divina como imagem da força que sempre se manifesta nova e livre, saindo de nossa alma. Mas como compreender e unir a criança divina, criadora de vida, com o Cristo agonizante? Pertencem ambos, como imagens e estágios de desenvolvimento, à natureza da alma humana?

Parece que o artista que pintou o nosso ícone meditou sobre perguntas semelhantes. A jovem mulher representada, seja quem for, literalmente coloca diante de nós um espelho, para refletir sobre o incompreensível. "Trazemos em nosso corpo a agonia de Jesus, a fim de que a vida de Jesus se manifeste no nosso corpo" (II Coríntios 4. 10). Será isso que ela quer nos mostrar?

Ou diz-nos que, ainda que, como mulher, ela não seja, na realidade, obrigada a sofrer o doloroso estado de desligamento, sofre interiormente como qualquer outra pessoa que tem de suportar esse processo como destino interior ou exterior? Ou ela lembra-nos as dolorosas transformações que a nossa própria imagem interior de Deus sofre por causa da evolução de nossa alma e do nosso destino no transcurso da nossa vida?

Este ícone, apesar de todas as diferenças, lembra-nos o ícone da "Mãe de Deus do Sinal". Aquele que anuncia profeticamente o maravilhoso nascimento, mostra o jovem Cristo-Emanuel pairando em círculo ou descrevendo uma auréola circular diante do peito da Mãe de Deus, ao contrário deste ícone que, como moldura para o mártir, prefere um formato quadrado. A forma redonda sugere uma vida que "rola", descontraída e movimentada; no quadrado, enfrentamos opostos rígidos, o imutável, as leis terrenas das quais não escapamos. O quadrado é um símbolo que nos obriga a parar. Na imagem, o quadrado é vermelho e leva-nos a pensar no sangue do coração. Dentro da moldura, vemos o Filho do homem sofrendo. Seu corpo está emaciado. O segundo plano é escuro. As mãos da mulher que segura o quadro são estranhamente ossudas.

O rosto da jovem mulher parece o rosto de uma adolescente, mas é, ao mesmo tempo, estranho e fechado. Seu vestido é escuro e deveria ser de um vermelho brilhante, caso Paraskewa represente uma mártir. Se for a mãe de Deus, faltam aqui a pequena luz de três estrelas na cabeça e nos ombros. As dobras do vestido, que nestes ícones normalmente sempre são suaves, aparecem aqui angulosas e ásperas como se estivessem desarrumadas e estragadas. Tudo está alienado nesta situação de sofrimento.

Será que o espelho escuro traduz a imagem da essência do nosso próprio ser, o sofrimento do si-mesmo? Pode-se falar de um si-mesmo moribundo, já que um de seus critérios é a vida permanente? O que aconteceu, pelo que nos diz o ícone, com a "criança interior" de outrora? Precisamos presumir humildemente que algumas tentativas esperançosas de viver que foram frustradas levem a uma suposta morte? A preciosa criança, por cujo nascimento nós tudo fizemos, também estará sujeita a um processo de transformação tão torturante? Será que o ícone representa o pólo extremo da transformação, a perda do si-mesmo? A transformação significará a morte de uma parte de nós mesmos? Perguntas sobre perguntas...

No ícone do batismo, Jesus aparece sem roupa. A nudez é considerada sinal de sua abnegação e entrega total. Ele deixa para trás tudo o que ele era até então. Ele sofre e consuma toda a transformação anunciada e exigida por quem o batizou. Esse momento abre-lhe o caminho para a sua autodeterminação e, posteriormente, para a eliminação dos componentes contraditórios de sua dupla natureza de "verdadeiro homem e de verdadeiro Deus", que é preciso reunir.

Ecce homo — eis o homem! Como Ele, também nós sofremos com as nossas contradições.

Volto às minhas considerações iniciais e encerro-as com a idéia mais evidente e compreensível de que o nosso ícone retrata o sofrimento de todas as mães que sentem um pouco a despedida, a morte e a destruição em si próprias quando os filhos crescidos as deixam. O olhar de estranheza do rosto feminino pode mostrar-nos o alheamento que pode acometer a mãe quando se apaga o seu papel materno, quando o filho e a filha fogem de suas mãos. A mãe vê-se então diante da tarefa de procurar uma nova identidade, o que pode fazer com que sinta em si mesma um pouco de morte e de perda. Mãe ou mártir? Pode-se dizer: ambas ao mesmo tempo.

Tua mãe, a Virgem, viu-Te, Cristo,
morto pregado na cruz.
Lá, ela chorou amargurada,
Ó, meu Filho, ela disse,
que pavoroso segredo é este,
como morres voluntariamente na cruz
a morte mais humilhante,
Tu que a todos deste a vida eterna.[1]

Progenitora de Deus, inabalável consoladora
de todos os aflitos,
acorda-me porque aqui estou deitado,
salva-me a mim, que estou perdido, com as tuas preces de Mãe;
peço-te ilumines o meu espírito.[2]

A natureza que morre e perece,
foi aceita pelo Imortal no Teu seio,
sublime acima de todas as repreensões, e Ele misericordiosamente
te deu a vida eterna.
Por isso nós Te veneramos como a Progenitora de Deus.[3]

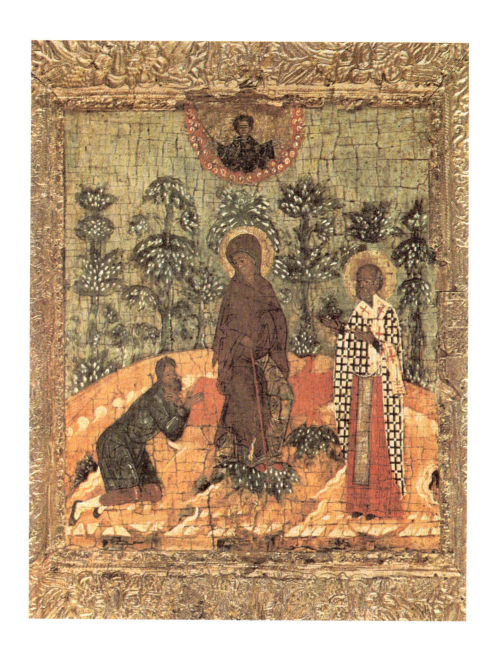

Ensinamentos da Mãe de Deus

BONDADE E VIOLÊNCIA

Este gracioso ícone dos "Ensinamentos da Mãe de Deus" baseia-se em várias lendas contraditórias. Segundo uma delas,[1] no ano de 1383, o sacristão Jurij, durante os trabalhos de reforma de uma igreja na região de Novgorod, estava montando uma cruz de ferro na torre. Na ocasião, o infeliz caiu do telhado, de cabeça para baixo. Enquanto caía, orou para a santa Mãe de Deus e sobreviveu ao acidente sem nenhum ferimento. Este milagroso salvamento foi atribuído à ajuda da Mãe de Deus de Tichwin, cuja imagem, segundo se afirma, estava a caminho da igreja recém-reformada para inspecioná-la. Apareceu a Jurij, ainda abalado em conseqüência da queda, numa visão e ensinou-lhe que em igrejas não se devem montar cruzes de ferro. Elas deveriam ser de madeira, visto que seu filho, Jesus Cristo, tinha sido pregado numa cruz da madeira.

Segundo uma variante dessa lenda, a antiga igreja, consagrada à morte de Maria, tivera uma cruz de madeira, mas a nova, desta vez dedicada ao nascimento de Maria, devia receber uma cruz de ferro.[2]

Seja como for, o fato é que no século XIV surgiram dúvidas a respeito do uso do ferro na cruz cristã. A nova tendência da época de enfeitar cruzes de madeira com ferro provocou a oposição do povo tradicionalista e ligado à natureza. O ferro lembrava-lhe os pregos que fixaram o corpo de Cristo tão torturantemente à cruz. Com razão, o uso do ferro feria a sensibilidade da população.

Ao analisarmos rapidamente a diferença entre ferro e madeira, pode ocorrer-nos que aquele é duro e esta macia. O ferro é duro, pesado e frio, e a madeira mais quente, mais leve, mais viva. No ferro vemos um material que pode ferir, na madeira, um material que inspira confiança. O ferro pode mudar o seu formato durante o processo de fusão, enquanto que a madeira tem o poder próprio de crescer e brotar repetidamente. Até árvores dadas como mortas voltam a brotar e tornam-se símbolo da esperança e, para o cristão, da ressurreição.

É evidente que, no fundo, o conflito "madeira *versus* ferro", nasce da consideração de que a cruz tem que ver com a madeira da Árvore da Vida e de que a associação do homem com a madeira envolve o permanente processo da vida. O destino do filho do homem não é morrer pregado numa rígida cruz de ferro, mas estar vinculado ao crescimento natural de uma árvore — e nós com ele. Assim compreendemos também por que, e de que maneira, atribui-se à cruz o poder de gerar vida.

Pode ocorrer-nos também ligar a madeira e o ferro, respectivamente, às noções de feminino e masculino. Vejamos o ícone:

No centro está a progenitora de Deus, sentada numa árvore derrubada cujos galhos voltaram a brotar. Está virada para Jurij, ajoelhado à sua esquerda e olhando para ela com uma expressão de medo e de quem está pedindo algo. À direita, está São Nicolau, fazendo um gesto como que intercedendo a favor de Jurij. A progenitora de Deus está dando uma lição ao sacristão que acaba de cair do telhado. Com seu bastão vermelho, está segurando o arbusto verde aos seus pés; suas sandálias vermelhas parecem flores. É como se ela estivesse querendo dizer: "Aqui está a essência!" O bastão fincado demonstra seu poder mental e sua capacidade de fixar objetivos. Ela está chamando a atenção do sacristão para o fenômeno do crescimento diante da vegetação verde que está brotando do tronco derrubado.

O bastão na mão da Mãe de Deus pode ter vários significados: como cajado de andarilho, sugere "estar a caminho"; como bastão de mensageira, sua informação; como cajado de bispo, faz supor a instrução e, como bengala e cajado, simboliza Cristo cuja vida e sofrimento a Mãe, em última análise, representa.

A Mãe de Deus parece estar sentada sobre a curvatura da Terra, esboçada pela linha arqueada que percorre a imagem como se fosse o horizonte. Essa curvatura ou, então, simbolicamente, o círculo, inclina-se, abençoando, a abóbada celeste.

Estará Maria sentada aqui como a "Mãe-terra-úmida" representando tudo o que se move, cresce, tudo o que é orgânico? Estará se defendendo da impertinência de uma cruz fria, estéril? Atrás dela floresce um rico mundo vegetal, como se todas as árvores quisessem participar do manifesto, contra a dureza do ferro; sim, como se desejassem demonstrar, com a sua presença, o que é uma vida intensa e quanto pode ser polivalente uma árvore-da-cruz. Toda a imagem irradia crescimento: uma situação verdadeiramente fértil. Conforme a lenda, a nova cruz seria feita do próprio tronco da árvore em que Maria está sentada.

Num ícone paralelo, a árvore que volta a brotar ostenta flores em forma de sino e, também neste quadro, a Mãe de Deus fixa uma dessas flores com seu bastão certeiro. Sem dúvida, a idéia é destacar a florescência!

Um pormenor enigmático deste ícone é, para mim, a parte da saia que aparece fora das dobras do manto de Maria e tem uma aparência esquisita semelhante à cortiça. Terá sido provocado pela danificação de uma camada de tinta? Ou queria o pintor, talvez totalmente sem dar-se conta disso, fazer aparecer a própria Mãe de Deus como uma árvore viva a rebelar-se contra a cruz de ferro? Não se pode excluir completamente essa suposição, pois se sabe que, para os eslavos, até as árvores eram santas e dotadas de alma. Pinheiro, Bétula e Macieira, por exemplo, eram usados como nomes para meninas. Minha tese é apoiada pela alegre copa da árvore que circunda e coroa a cabeça e a auréola de Maria. Este ícone faz-nos sentir a estreita associação que a fé popular dos países eslavos, na área religiosa, fazia com o pensamento cristão. A Terra é tão santa quanto o céu; um é inimaginável sem o outro. Outrora, esta Terra recebeu o santo batismo concomitantemente com o povo. A fé popular, estreitamente vinculada à Terra e à natureza, dá a muitos ícones russos um encanto muito especial, emotivo.

Voltemos mais uma vez à árvore derrubada. Simbolicamente, ela pode sugerir o fim de um desenvolvimento espiritual, uma mudança da imagem de Deus. Na época em que apareceu o nosso ícone (século XVI), exigiu-se que a população desse um significativo passo adiante no seu desenvolvimento. Aproximavam-se o cisma na Ortodoxia e o período das profundas reformas introduzidas por Pedro, o Grande. O mundo infantil, crédulo, do povo ruiu. Naquela época, era reconfortante saber que a árvore volta a brotar.

Vamos dar atenção ainda a São Nicolau, pois também ele ocupa um lugar importante no quadro. Ao observá-lo, chama a nossa atenção, na sua roupa, o grande número de cruzes negras que produzem o efeito de pura geometria e abstração. Como se ele se tivesse enfeitado justamente com as cruzes de ferro em torno das quais giram as nossas considerações e que provocaram a queda do sacristão do telhado da igreja. Terá sido intenção dele expor o problema bem minuciosamente diante de nossos olhos?

Portanto, lá está São Nicolau que, pelas suas roupas, se identifica como "representante" das cruzes de ferro e, do lado oposto, está a Mãe de Deus que tem atrás de si toda a natureza. Segundo um comentário sobre esse ícone, Nicolau, na verdade, representa a Igreja para ajudar a Mãe de Deus nos seus ensinamentos. Possivelmente, é isso mesmo. Na minha opinião, ele exerce aqui a função de "ajudante de ação rápida", como é venerado na Rússia. "Rápida" tinha de ser a sua ajuda, já que Jurij caiu tão de repente e inesperadamente de cima do telhado. Ali está Nicolau, fazendo com as mãos gestos que traduzem intercessão e esclarecimento. Ele pede a Maria que salve Jurij e faça-o compreender os ensinamentos sobre a diversidade das cruzes. No ícone paralelo, que mencionamos acima, ele segura nas mãos um lencinho branco, símbolo da humanidade sofredora, que a Mãe de Deus costuma trazer quando intercede junto a Deus.

Jurij, e na verdade nós também, vemo-nos diante da pergunta de saber qual a cruz que estamos inclinados a preferir: a que impõe disciplina rígida ou a que nos dá espaço para agir com flexibilidade. Podemos emocionar-nos também diante da necessidade de definir qual das cruzes, tão diferentes uma da outra, foi imposta a nós.

Na série de ícones apresentados neste livro, deparamos com muitos aspectos da imagem arquetípica da Mãe de Deus. Nós a conhecemos em todas as suas características maternas; nós a acompanhamos em seu caminho evolutivo espiritual (no ícone "Introdução de Maria no Templo") que ela segue até atingir a maturidade; admiramos a sua corajosa intercessão diante do trono do Juiz; na sua passagem pelos tormentos do inferno e o seu próprio sofrimento. Também neste quadro nós a conhecemos como mestra espiritual; ela ensina-nos sobre a natureza da cruz: o homem não pode fugir da cruz, porque a carrega em sua própria alma. Sobre a questão da cruz não basta ensinar; ela precisa ser vivida e suportada como um processo de crescimento interior. Para esse processo, porém, só interessa a cruz de madeira. Só esta traz dentro de si o legado da Árvore da Vida. Todos nós crescemos sob sofrimento; pois a ordem é ligar, unir incansavelmente as contrariedades do nosso modo de ser, da mesma maneira como as hastes da cruz se encontram eternamente no centro dela, uma atravessada na outra, dolorosamente. É no passo, no passo para trás e no passo para a frente que se concretiza um princípio de vida. Colocados diante da alternativa ferro ou madeira, deveríamos inclinar-nos "naturalmente" para a madeira.

Concluindo, quero mencionar ainda o círculo celeste no centro do quadro. De lá, o jovem Cristo-Emanuel, também ele ainda adolescente, abençoa o grupo e o ensinamento oportuno. Serão nuvenzinhas as que se vêem no círculo celeste vermelho? Ou serão gotas de orvalho que logo cairão, qual refresco, sobre as árvores das quais se tira a madeira e sobre a Mãe de Deus que está ensinando tão inteligentemente? Espero que sim!

Que bom ter o sacristão caído do telhado — doloroso para ele, mas esclarecedor para nós.

No local da aparição da Mãe de Deus que ensina construiu-se posteriormente um mosteiro, o Mosteiro de Besednyi,[3] para homens. No decorrer do tempo, surgiram em todo o norte da Rússia esses mosteiros para homens, todos consagrados à Mãe de Deus que ensina.

Nossa Senhora de Tichwinskaja, cujo significado se reflete nos ícones de nossa série, é atribuída ao modelo da Hodegitria, a que indica o caminho: ela costuma aparecer sobre uma nuvem ou deslocando-se sobre a água. Aparecerá também sobre o espelho de nossa alma?

Hoje brilhou, ó Senhora, acima de nós, no ar,
Teu santo ícone, como um Sol resplandecente.
Com seus raios graciosos, ele ilumina o mundo;
A grande Rússia o aceita piedosamente com um presente divino
vindo de cima, e Te glorifica, ó Mãe de Deus,
Senhora do universo, e louva, cheia de alegria, a Cristo, nosso
Deus.
Mas roga, Senhora, Rainha, Progenitora de Deus,
que Ele proteja todas as cidades e países cristãos
contra todas as investidas do inimigo,
e que salve todos os que se prostram com fé
diante de Sua imagem divina e da Tua, toda pura,
ó Virgem imaculada.[4]

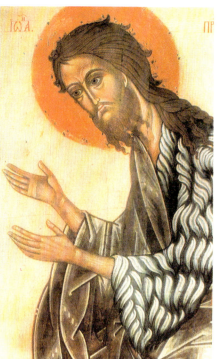

Deesis — Intercessão

SUPERANDO DESAFIOS

Nestes ícones do século XV vemos a Mãe de Deus e João, o Precursor, em sua função de intercessores a favor da humanidade: personificações da intercessão, sim, da "intercessão incansável". O "caráter de incansável" atribuiu a essa intercessão um caráter eterno, como se houvesse no mundo uma força sempre alerta que intervém como mediadora nos casos em que coisas terrenas, divinas, subjetivas e objetivas entram em colisão; como se existisse uma tendência que constantemente restabelecesse o equilíbrio de forças entre domínios tão diferentes mas tão relacionados entre si.

Consta que o ícone da intercessão é originário da área cópto-alexandrina e foi pintado pela primeira vez nos séculos V-VI. (A Grécia também é mencionada como país de origem.)

Esses ícones apareceram em Twer (Rússia). A rigor, o ícone da intercessão deveria mostrar três ou mais figuras: à esquerda está a Mãe de Deus; à direita, João Batista, o Precursor e, no centro, sentado no trono do juiz, Jesus Cristo. Tenho diante de mim somente as imagens das duas figuras à esquerda e à direita, mas não a imagem do centro, de Jesus Cristo; tento transformar uma necessidade em virtude. Permito-me fazê-lo, porque para muitos entre nós, cristãos, Cristo, especialmente na função de juiz, está ausente — como neste ícone da Deesis. Com referência ao nosso ícone, pode ser útil, não como solução de emergência, preencher o lugar vazio com uma noção imaginada ou empírica, ainda que abstrata; com a noção, já mencionada várias vezes, do si-mesmo. Expliquei-a na introdução e quero lembrar mais uma vez que o si-mesmo é interpretado como, entre outras coisas, uma força propulsora, um processo psíquico. Deste centro do nosso ser, partem impulsos que nos guiam e nos animam. Como "ordenador central",[1] o si-mesmo orienta-nos e corrige-nos ou, mais precisamente, nós nos orientamos por ele. Todos conhecem expressões como "estar profundamente abalado", ou "estar com dor na consciência", ou "de todo o coração". Todas elas significam que algo fez o nosso âmago vibrar. Também a palavra "evidente" mostra onde está um ponto de orientação e aponta para o que é fundamentalmente certo. Portanto, já estamos a "julgar" e a ajustar; e o mencionado "ordenador central" transforma-se na expressão simbólica para "juiz".

Esse centro interior vivo faz parte da personalidade de todos os homens. C. G. Jung chama-o de "o órgão com o qual se percebe o divino".[2] Ele sugere que se veja em Jesus Cristo o símbolo do arquétipo do si-mesmo, um pensamento ao mesmo tempo ousado e fecundo. Para ele, os arquétipos são engramas na alma humana que provocam certas características e tipos de comportamento do homem. Seguindo ele, são "retratos da provável evolução"[3] ou demonstram um "sistema de fluxo constante".[4] Imagens arquetípicas, quando surgem dentro de nós, estão sempre carregadas de emoção e são vividas com o corpo e a alma. Essas manifestações que vêm das profundezas de nossa alma nunca nos deixam frios; ao contrário, esquentam-nos, fazem o coração pulsar mais depressa e causam ambos os efeitos: tristeza profunda e inexplicável felicidade.

O quadro mostra a progenitora de Deus vestindo um *maphorion* púrpura-marrom: essa cor representa simbolicamente a Terra e o céu, o humano e o divino. As mãos de Maria, apesar da intercessão, não estão entrelaçadas para orar, pois trata-se aqui de outro tipo de intercessão, diferente de orar e pedir por outras pessoas. As mãos parecem explicar algo, como se a Mãe de Deus estivesse submetendo ao juiz, diante do qual se encontra, um objeto para ser negociado. A expressão do rosto é graciosa, mas séria; o olhar, melancólico e de preocupação. A inclinação delicada da cabeça sugere humildade e, ao mesmo tempo, uma insistência suave, um leve "porém"!

Um maravilhoso nimbo de cor laranja brilhante circunda a cabeça da Mãe de Deus. A cor laranja se forma onde a luz e a matéria se mesclam: é um indício de que na Mãe de Deus unem-se o divino e o humano e de que, por isso, ela é dotada de uma capacidade especial para ser mediadora entre dois pólos. Atribuíram-lhe a tarefa de "reconciliar o irreconciliável" (hino de *Akathistos*). Ela é serva na difícil obra da conciliação dos opostos.

Maria está diante de João, o Precursor, cujas mãos, atitude e expressão facial são semelhantes às de Maria. Sua roupa, de duas partes, parece sugerir a sua natureza dual, os dois aspectos de sua personalidade e modo de ser: julgando-o pela imagem, parece tratar-se de uma estranha mescla de traços naturais, animalescos e santos que inspiram temor religioso. Por um lado, ele veste a pele do animal e, por outro, uma peça de roupa tecida pela mão do homem. A imagem mostra-o como um asceta. Como arauto do Evangelho — por isso chamam-no o "Precursor" —, ele se antecipa às mudanças que estão por vir. Como admoestador, encontra-se profeticamente no limiar entre o Antigo e o Novo Testamento, um homem num período de transição, que vive em dois âmbitos e dois tempos. Ele prepara o caminho de Cristo, quando batiza o homem Jesus e o inicia na sua "função" de ser Cristo. Batizar remonta etimologicamente à palavra *ðupjan*, que significa mergulhar fundo.

Na Igreja Oriental, João é chamado de "cidadão do deserto" e "anjo na carne". Assim, em outros ícones, ele aparece com asas vermelhas, cor de fogo. Como expressiva prefiguração de Cristo, sabe que o aspecto animalesco de sua natureza deve diminuir a favor da natureza espiritual, agora em evolução conforme modelo e exigência expressos em João 3. 30: "Convém que ele cresça e eu diminua." O desenvolvimento que ocorre no mundo e no tempo ocorre também na sua alma. Ele se identifica com um arauto que clama no deserto. João não somente levanta a voz, como também atribui a si o papel de voz personificada, "Eu *sou* a voz do arauto" que anuncia e vive antecipadamente o novo, a mudança. Impressiona-me a estranha identidade de sua pessoa com a sua missão, como se nele tomasse corpo a noção do arquétipo: o corpo físico e a idéia juntos.

No nosso ícone, vemos uma estranha dobra nas vestes, que se estende da área do coração de João Batista diretamente para a laringe. Ela tem um formato que lembra uma mandorla, símbolo do nascimento. A "voz" e o "clamor" do Batista figuram no texto grego como *krazo*[5] que tem origem comum com as palavras "grasnar", "berrar", "gemer". Trata-se, portanto, de um som primitivo, um berro de nascimento, que ainda não foi verbalizado, mas dá expressão existencial à nova era. Das profundezas de sua alma, o profeta "sabe" o que o tempo trará.

Vejo na dupla natureza de João um exemplo provisório para a figura de Jesus Cristo, que também incorpora duas naturezas: homem

116 MARIA

verdadeiro e Deus verdadeiro. As duas naturezas inerentes a João, "cidadão do deserto" e "anjo na carne", predestinam-no a ser o mediador, o intercessor em todos os casos em que o antigo e o novo, o divino e o humano devem ser harmonizados.

O ícone da intercessão, da *Deesis*, encontra-se em todas as iconostases de dimensões ora maiores, ora menores. Ele constitui o centro da categoria de igual nome (categoria *Deesis*). A parede das imagens, como foi dito, tem várias categorias. A categoria *Deesis* chama-se *tschin* em russo, que significa ordem, boa ordem, regra, reunião, compromisso, expectativa, processo. Essa seqüência de palavras lembra a idéia da deusa egípcia Maat, que representa a boa ordem, a medida certa, a equanimidade, o equilíbrio sensato. Uma categoria-*Deesis* completa mostra sempre, além das três figuras mencionadas, os arcanjos Gabriel e Miguel, os apóstolos Pedro e Paulo, profetas e santos. Todos estão envolvidos no processo da intercessão, da defesa da humanidade sofredora. Que esse processo implica movimento é mostrado pela posição das figuras, voltadas para Cristo, no centro. A intercessão significa, como ainda veremos, dar passos. O mundo estaria em ordem, se estivesse num estado de equilíbrio em movimento (ver a simetria da estrutura do quadro). O *tschin* simboliza a ordem do eon vindouro, em que o mundo inteiro estará sob o domínio de Deus.

A intercessão retratada no nosso quadro deve ocorrer no Dia do Juízo Final. Este ícone baseia-se nas visões de Daniel (Daniel 7. 9-14) e em outras fontes. Cito, a seguir, alguns trechos desse capítulo de Daniel:

Continuei olhando, até que foram preparados alguns tronos, e um Ancião sentou-se; suas vestes eram brancas como a neve; e os cabelos de sua cabeça, alvos como a lã; seu trono eram chamas de fogo, com rodas de fogo ardente. Um rio de fogo corria, irrompendo diante dele. Mil, milhares o serviam, e miríades de miríades o assistiam. O tribunal tomou assento e os livros foram abertos. Eu continuava olhando o animal e vi que fora morto, e o seu corpo destruído e entregue para ser queimado pelo fogo...

Eu continuava olhando nas minhas visões noturnas, quando notei, vindo sobre as nuvens do céu um como Filho do Homem. Ele dirigiu-se ao Ancião e foi introduzido à sua presença. A ele foi dado o império... e seu reino jamais será destruído.

Essas visões deram margem a fantasias segundo as quais um rio de fogo percorreria o mundo e, para purificá-lo, queimaria todo o mal. Possivelmente, a frase "o animal fora morto" deve ser entendida nesse contexto. Onde irromper o rio de fogo, os dois intercessores do nosso ícone entrarão em ação.

No interior das igrejas ortodoxas, o ponto de partida do rio de fogo é simbolizado pela *solea*, isto é, pelo degrau entre o recinto do altar e a nave. "Esse degrau significa o rio de fogo que, segundo o apóstolo Paulo (I Cor. 3. 12-15), provará a obra de cada um. Visto que nesse local é feita a Comunhão dos crentes, pode-se presumir que o significado de *solea* esteja especialmente ligado à Comunhão. Como transição da nave para o recinto do altar, ponto de sua ligação e ação recíproca, a *solea* é ao mesmo tempo o lugar da prova de cada um."[6]

De acordo com o que pude verificar, o ícone da intercessão foi criado também devido aos numerosos hinos de súplica dos versos dos hinos bizantinos e às lendas orientais que versam sobre "A passagem de Maria pelos tormentos do inverno".[7] Essas lendas despertam a impressão de serem de algum modo variantes femininas, inspiradas pelas fantasias baseadas na "descida de Cristo ao inferno" narrada no Evangelho apócrifo de Nicodemos e representadas em alguns ícones sobre a ressurreição.

Uma das lendas deixa entrever por que a procriadora de Deus se apresenta como intercessora diante do trono de Deus. Reproduzo a seguir essa lenda, de forma sucinta: a Mãe de Deus pede ao Senhor que o Arcanjo Miguel, lutador contra o mal, desça e conte-lhe sobre os castigos aplicados no céu e na Terra. Demonstra com isso um tipo de interesse crítico semelhante ao evidenciado outrora por Eva diante do fruto proibido. Maria, como Eva, quer *saber*. Pois o Arcanjo, junto com muitos outros Anjos, desce do céu e comunica à Mãe de Deus que "os castigos são inúmeros". Atendendo ao desejo expresso de Maria, Miguel mostra-lhe todos os condenados que estão no inferno, "uma quantidade enorme de homens e mulheres". Por toda parte, ouvem-se as lamentações deles. Maria quer começar o seu giro pelo inferno "no sul, onde nasce o rio de fogo". Que tipo de lugar é esse escolhido por Maria? No mínimo, pode-se dizer que ela visa diretamente o ponto de partida do acontecimento "quente". Visto que o rio de fogo sai do trono do juiz, ela encontra-se no lugar da decisão. Ali, onde colidem a vontade divina e o sofrimento humano, ela quer *ver* e, na medida do possível, *intervir* para amenizar. Talvez a nossa própria consciência ardente corresponda à imagem do rio de fogo. Também em nós, conflitos quentes podem provocar uma sublimação, um processo de refundição; entretanto, isso só acontecerá se entrarmos tão corajosa e incondicionalmente no âmago desse conflito ardente, como fez Maria.

Mais adiante na lenda, a Mãe de Deus acompanha o Arcanjo através de todas as estações do inferno. Ela quer ver todo tipo de pecado e punição. Como mulher corajosa e realista, não toca o mal para longe, mas permite que o mal a toque. Embora "estremeça" e "sofra interminavelmente junto com os condenados", ela não desiste até ver todos os sofrimentos. Assim ela satisfaz a sua sede de saber. A cada pecador ela pergunta qual foi a sua transgressão e, junto a cada um deles, chora, evidenciando a sua compaixão. Atenciosa, objetiva e criteriosa como é, ela acha os castigos ora justos, ora injustos. Distingue precisamente quem mereceu e quem não mereceu o castigo, e critica bem discretamente as decisões de Deus nessa área. Com efeito, há quem pense que muitos ícones e lendas apareceram devido às muitas dúvidas que surgiram relativas ao "Deus bondoso" e aos problemas que essa interpretação unilateral de Deus produziram já naquela época (séculos V e VI). Os terríveis castigos e suplícios aplicados no inferno, segundo a lenda, elevam a Mãe de Deus a interceder junto ao Senhor. Uma iniciativa deveras ousada! Ela pede explicações a Deus e, junto com ele, também a algumas personalidades a quem, sem dúvida, teria cabido intervir no assunto. Percebemos um tom de censura quando ela pergunta: "Onde está Moisés, o profeta? Onde estão todos os profetas? Onde estais vós, patriarcas? Onde está Paulo, o favorito de Deus? E onde está o poder da Santa Cruz que redimiu Adão e Eva da maldição?" É uma mulher sumamente incômoda essa Maria da lenda. E que explosivas questões teológicas são enfatizadas nessa lenda! E nas instâncias de Maria, os homens piedosos acabam aparecendo — e por isso eles também figuram no ícone da intercessão, na categoria de *Deesis* — e suplicam, junto com Maria, por clemência e misericórdia em favor dos que sofrem suplícios no inferno. Todos os anjos juntam-se à intercessão e Deus finalmente se compadece dos condenados: "A partir da Quinta-feira Santa até Pentecostes, eles serão livres dos tormentos, para que louvem o Pai, o Filho e o Espírito Santo."

A progenitora de Deus e João, o Precursor, os arautos que anunciam a mudança da condição humana, se colocam, portanto, entre Deus e o homem, e isso no lugar "onde nasce o rio de fogo", vale dizer, no foco dos acontecimentos, do conflito. Com a palavra-chave "foco" nos aproximamos, acho eu, do próprio conteúdo do ícone e da natureza da intercessão. Para essa finalidade, mostro aqui outro ícone, representando o foco, e trato de definir melhor a noção da intercessão. Intercessão vem do verbo latino *intercedere*, que significa: intervir, interceder. A palavra *cedere* tem muitos significados. Vale a pena examiná-los. Por um lado, *cedere* quer dizer: ir, andar, realizar-se; e, por outro: caber a, receber, tornar-se propriedade de alguém, acontecer; e ainda: ir embora, partir, retroceder, conformar-se, submeter-se, ceder.

O grande número de significados aparentemente contraditórios mostra que o processo da intercessão exige a maior flexibilidade da parte dos que intercedem. Estes devem dar passos corajosos e decididos, bem como estar dispostos e ter condições para praticar a modéstia e, caso seja necessário, conformar-se com as situações imutáveis em que eles e os seus protegidos caírem. O intercessor não é o procurador de uma só parte; ele defende os direitos de ambas. Coloca-se no meio dos pólos contrários, no âmago do problema ardente, e ali exerce dupla solidariedade. Jó, por exemplo, já se queixava da falta desse mediador em seus conflitos com Deus: "... Não existe entre nós um árbitro que ponha a mão sobre nós dois." (Jó 9. 33)

"Intercessão significa solidariedade efetiva, não afetiva", afirmação que ouvi certa feita num sermão. Sob este prisma, este ícone muito teria a nos dizer, especialmente hoje. Na profundidade do sentido deste ícone, diplomatas, mediadores, trabalhadores do setor social, analistas, terapeutas e intercessores de todos os tipos poderiam orientar-se, encontrar rumos e critérios certos.

A progenitora de Deus e João estão incluídos no núcleo de fogo em brasa sobre o qual está o trono de Cristo, o juiz do mundo. Ele não está sentado numa cátedra de juiz, mas sobre um duplo arco-íris. Lembremo-nos de que o arco-íris simboliza a reconciliação entre Deus e o homem. Um arco entre dois pólos, porém, também significa tensão, ligação flexível e contato vibrante.

Presumivelmente, o pintor quis destacar também, com a sua obra, que a cátedra de juiz não era um tribunal de justiça, já que aqui não se trata de um processo judicial, mas de um reajuste espiritual que visa alcançar retidão, ordem interior, integralidade e concentração. A Bíblica usa a expressão "o justo" para designar um homem que, graças a um processo de sublimação, encontrou sua ordem interior.

Na época de Jesus Cristo, o juiz não era um funcionário do judiciário, mas uma pessoa convocada para servir de ponto e marco de referência que Deus enviava ao povo de Israel, atendendo aos gritos de socorro dele, em situações de apuro e de desorientação. Um dos primeiros juízes, diga-se de passagem, foi uma mulher: Débora (Juízes 4 e 5). O juiz era um líder político *e* religioso. Pensando nas razões pelas quais a Mãe de Deus e João foram incumbidos da tarefa de interceder, parece-me correto (em duplo sentido), acertado e sensato dizer que o próprio modo de ser deles predestina-os para essa função. Parece-me lógico também que, para que cada intercessão seja eficaz, precisam colaborar forças e índoles femininas e masculinas; seja para resolver os efeitos do choque interior de tendências contraditórias, seja para mediar conflitos externos. Mas sempre é necessário usar essas duplas de elementos: sentimento e razão, persistência e energia, amor e ameaça. Se a ordem é queimar e abandonar o que não é bom, o que é ilegítimo, supérfluo e ultrapassado, devem entrar em ação as forças vitais, o sagrado zelo, que vejo em João, e o delicado apoio espiritual e a discreta persistência, que atribuo a Maria. Nós precisamos da coragem que ambos demonstram para enfrentar os próprios conflitos ardentes, e precisamos da intercessão de ambos nas nossas divergências com o nosso Deus.

João é o admoestador; dá-nos a certeza de que mudar a si próprio é possível e necessário, para qualquer um. Mas é obrigação do indivíduo dar os passos que conduzam à essa mudança. Tomemos como exemplo Jesus, que não deixou de ir ao deserto procurar João, que o informou de seu destino de tornar-se — e de ser — Filho de Deus. No deserto, Jesus também passou pelo fogo sublimador, quando pensamos nas tentações a que ele foi exposto. O fato de ele não ter fugido ao confronto com o diabo no seu caminho de vida o transformaria, na época oportuna, num autêntico juiz.

A intercessão de Maria ainda hoje continua sendo implorada, invocada: pedimos que ela, graças à sua intercessão, alcance a nossa salvação. Em alguns ícones, a Mãe de Deus segura nas mãos um lencinho

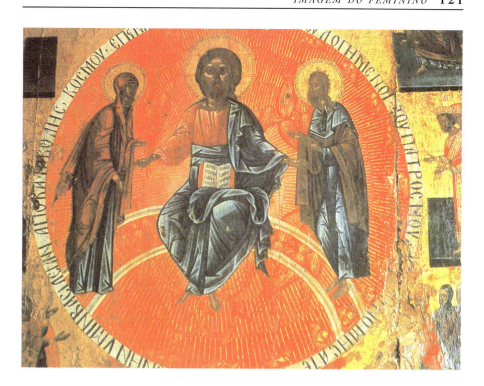

branco de linho, que simboliza os sofrimentos da humanidade que ela, suplicante e compadecida, faz passar perante os olhos de Deus.

Concluindo, quero mencionar também alguns pensamentos do erudito ortodoxo Paul Evdokimov. Ele compara as figuras da Mãe de Deus e de João, o Precursor, às duas noções chinesas de Yin e Yang, os princípios feminino e masculino, aos quais está subordinada toda a vida. Ele vê em Maria e João "estimulantes da vida" e como "pensamento de Deus sobre o feminino e o masculino",[8] e "quem os olha, orienta a si mesmo": orienta-se em dois princípios fundamentais que ajudam o "ordenador central" (ver acima), pedindo, mediando, completando e colaborando. Em termos de alma, esses princípios correspondem aos efeitos produzidos pelos arquétipos *anima* e *animus*, componentes opostos na própria alma, por serem femininos e masculinos, que estimulam e nos ligam com o si-mesmo, com as profundezas de nossa alma. Quem está ligado com o seu si-mesmo, com o seu orientador interior, aquele "órgão com o qual se conhece o divino"[9] tem noção dessas estruturas e domínios que são totalmente característicos do homem. Ele acertou o seu rumo graças a esse "juiz" interior e transcendental, e está entrando numa ordem maior — como nos mostra o ícone: *Tschin*, a boa ordem, a medida certa, o processo equilibrado.

Talvez ele perceba agora como o seu inconsciente individual participa do inconsciente coletivo e que o seu consciente pessoal, por assim dizer, torna-se parte co-responsável do consciente coletivo de sua época. Essa experiência tornar-se-á possível, se Deus quiser, depois de a pessoa passar pela "prova de fogo" em si própria e antes de enfrentar o grande objetivo; ela pode, por alguns momentos, trazer consigo sensação de paz e de reconciliação consigo mesma e com o mundo. Para mim, o símbolo da conciliação que aparece no nosso quadro é o arco-íris que se ergue entre o céu e a Terra. Os intercessores terminaram o trabalho de socorro e transformam-se para nós, com a sua variada eficiência e modo de ser, na imagem e expressão do processo da reconciliação dos antagonismos interiores de um terceiro.

Em pensamento, recoloco nossos ícones na parede dos quadros e deixo que os textos litúrgicos falem:[10]

Troparion da Sexta-feira da oitava semana:

Já que Tu, como Mãe de Deus, podes falar abertamente
com Aquele que nasceu de Ti,
com a palavra encarnada,
a palavra do Pai eterno,
cujo modo de ser se confunde com o Espírito,
não pára de implorar para
que ela (a Palavra) salve dos perigos, ó, totalmente
irrepreensível, os que Te veneram como Mãe de Deus.

Cânone de João Damasceno, 8ª ode:

Deixa adormecer as fortes paixões do meu coração,
ó, toda pura, Senhora soberana,
pela Tua incansável intercessão;
mas desperta-me do sono da leviandade
para que eu possa cantar com a alma desperta:
Louvai, todos vós, as obras do Senhor, do Senhor!

Súplica para afugentar o medo da morte e na hora da morte:

Senhora, minha Senhora, compadece-Te, agora,
da alma que não conhece saída e que
só conta com a Tua proteção.
Não desvies o Teu olhar de mim, bondosa,
para que não me entreguem aos demônios.

Cânone de súplica por um moribundo:

Mãe de Deus, olha para o abismo e vê
como a alma submetida a suplícios é punida.
Dobra o Teu joelho e chora
para que Aquele que derramou o seu sangue por mim
me chame de volta à casa!

A Mãe de Deus conversando
com João, o Teólogo

INSPIRAÇÃO E COMPROMISSO

Este é um ícone estranhamente belo, do qual não encontrei nenhuma variante. Presumivelmente, surgiu como resultado de uma experiência e carência pessoais de uma mulher. A czarina búlgara Helena mandou pintar este quadro no século XIV e o entregou, quando da morte de seu pai Constantino, ao mosteiro de Poganovo, uma doação feita anteriormente por ela e seu pai. Supõe-se, com razão, que o nome inscrito no ícone *kataphyge* (refúgio) não se refira ao atributo da Mãe de Deus, mas antes ao nome do recinto subterrâneo da igreja do mencionado mosteiro que, segundo consta, foi o lugar onde se refugiou e morreu São Demétrio, em 306, como mártir. Ele era venerado principalmente em Saloniki. A igreja do mosteiro tinha o nome de *bogo mater acheiropoietos*, que significa: a igreja que possui "uma imagem da Mãe de Deus que não foi feita pela mão do homem".

Não tinha certeza de que encontraria um texto que elucidasse o sentido deste ícone, quando encontrei, totalmente por acaso, um registro de Gregório Nisseno (século IV). Ele escreve sobre uma visão que teve numa noite em que não conseguia dormir e na qual lhe apareceu a Mãe de Deus conversando com João, o Teólogo. As duas figuras discutiam sobre as dúvidas de fé do insone e, a seguir, João acabou comunicando a profissão de fé a Gregório, que a anotou.[1] Será que o nosso quadro registra essa ocorrência?

Outro texto relacionado com Maria e João (João 19. 25-27) diz: *E junto à cruz estavam a Mãe de Jesus, a irmã dela, Maria, mulher de Cléofas, e Maria de Magdala. Jesus, quando viu sua Mãe, e junto a ela o discípulo amado, disse à sua Mãe: Mulher, eis o Teu filho. Depois, disse ao discípulo: Eis a tua Mãe. Dessa hora em diante, o discípulo a recebeu em sua casa.*

Será que esse texto sensibilizou a doadora do ícone acima mencionada? Não o sabemos, mas essa pergunta estimula reflexões.

De início, quero refletir um pouco sobre uma palavra grega inscrita no ícone: *Homilie*, que é traduzida por: a Mãe de Deus conversando com João. Procurando essa palavra num dicionário de teologia, encontram-se as seguintes traduções: conversa, discurso espiritual, modo de pregar. Consultando um dicionário de grego, encontro uma surpreendente multiplicidade de significados, ordenados em três grupos:

1. Comunidade, estar junto, contato social, relacionamento, ligação, amizade.

2. Contatos sensuais, comunhão carnal, relacionamento espiritual, conversa, ensino.

3. Encontro, reunião, companheirismo, círculo, associação.

Diante dos múltiplos significados da palavra *Homilie*, perguntamos a nós mesmos, surpresos, o que se quer dizer aqui, que tipo de relação existiu entre Maria e João. Qualificando a sua relação como *Homilie*, é de se supor que esse encontro tenha sido, em todos os níveis, um contato integral. Designá-lo meramente como "conversa" é insuficiente. Uma simples conversa dificilmente teria sido motivo para produzir um ícone.

Para identificar melhor o conteúdo deste quadro, escolhi o segundo grupo dos significados de palavras: contatos sensuais, comunhão carnal, relacionamento espiritual, conversa, ensino. Com isso não esqueci os outros significados, visto que eles ajudam a definir a trama que existe entre Maria e João.

Lembro ao leitor que não disponho de textos relativos a este ícone; confio, portanto, nas minhas — certamente especulativas — reflexões. Vamos tentar percorrer cuidadosamente o quadro.

O que nos dizem as cores? Ambas as figuras vestem roupa azul, ainda que de nuanças diferentes. Na ortodoxia russa, o azul não é usado em imagens da Mãe de Deus (mas temos diante de nós um ícone grego). A cor das vestes de Maria nos ícones da Igreja Oriental sempre é marrom-púrpura. O marrom, como já mencionamos, simboliza a ligação de Maria à terra; o púrpura, a sua qualidade de rainha, de santa. Do uso do azul deduzo tratar-se da representação de um acontecimento espiritual, do aspecto espiritual-psíquico de Maria, e nem tanto de sua personalidade maternal enraizada na terra.

Segundo o texto de João 19. 25-27, de acordo com o qual Maria é entregue a um novo filho como Mãe, pode-se falar aqui de uma transformação de mãe terrena-física-pessoal em Mãe espiritual-psíquica-transpessoal, simplesmente na condição própria da maternidade. Podemos pensar também, sem nenhuma contradição ao texto, numa experiência psíquica sofrida por uma mulher no encontro com o seu parceiro espiritual, nos níveis interno ou externo. Refiro-me a encontros que, ainda que ocorram no tempo e no espaço, portanto na realidade, têm, ao mesmo tempo, qualidades de ausência de tempo e de espaço. Também a caracterização da cor azul corresponde perfeitamente ao nosso ícone: "o azul tem um efeito absorvente, passivo, que leva à introversão. É a cor dos nervos. O azul representa um poder no qual tudo germina e cresce escondido na escuridão e no silêncio. É sempre sombreado e tende para o escuro. É como um nada impalpável e, ao mesmo tempo, presente como a atmosfera transparente. O azul puxa o nosso espírito nas vibrações da fé para a distante eternidade.[2] O azul transformou-se na cor da fé, no guardião do segredo. Pelo uso de azul sobre o fundo dourado, o pintor quer abrir nossos olhos para o acontecimento representado no quadro.

A roupa azul da Mãe de Deus está misturada com vermelho e com um indefinível tom escuro, que lhe dá calor e substância. O azul do teólogo, por outro lado, é frio como aço ou como um céu límpido; para mim, é expressão de raciocínio perfeito e de uma constância fundamentada na lógica. Ele é inabalável! Suas pernas e o caimento das dobras de sua roupa parecem réplicas de colunas de sustentação. As mãos da Mãe de Deus estão escondidas e João mostra-nos somente a sua direita, num gesto de quem está ensinando. Parece que o espaço de ação de ambos está limitado; ambas as figuras estão amarradas ao seu próprio mundo e tarefa. O vazio de cores entre elas indica distância. Existe uma ligação, como mostrarei mais adiante, mas só em profundidade.

O certo é que, nesse ícone, a Mãe de Deus não é representada como uma mãe "que oferece refúgio". Antes, dá a impressão de ser uma jovem mulher que está um tanto constrangida: julgando-se pelo seu olhar, pela sua postura, ela está fazendo uma pergunta um pouco estranha ao teólogo que, embora com ares paternais, ensina friamente, sem emoção.

Maria parece-me "constrangida" — uma palavra estranha. O que queremos dizer com isto? Estar "constrangido" significa que estranhamos algo ou alguém que entra em contato conosco. Por que nos "constrange" o que nos parece estranho? Acho que Maria, neste caso, é contatada por um novo espírito. Ela não vive sendo elogiada como "Tenda espiritual", "Morada do Senhor", "Templo do Espírito Santo"? Não estaria este ícone ilustrando o momento da "entrada" do Espírito na tenda preparada para ele?

Eu ampliaria este pensamento um pouco mais: não estaríamos vendo nesta imagem a relação da filha com o seu *pater spiritualis*? Ou estaríamos vendo a surpresa da mulher que, de repente, depara com o aspecto espiritual patriarcal de sua própria personalidade? Aquele aspecto espiritual que fala de Deus? Será um *theologos* interior que deseja invocar e expressar o divino que existe na própria alma, num processo de procriação interior? Ou está ocorrendo aqui o encontro entre a mãe e o filho espirituais? No texto de João, é Jesus que dá à Mãe um novo filho e ao filho uma nova Mãe. No ícone "A morte da Mãe de Deus", o próprio Jesus Cristo vê-se obrigado a tomar a si a alma de sua Mãe — um padrão fundamental que deveria ser repensado psicologicamente!

No nosso ícone, João não exibe os traços de um filho, de um jovem, mas os de um "velho sábio". Quanto ao novo "filho", dele não vem ao nosso encontro um valor eterno, algo que sempre existiu, um valor eterno que está profundamente ligado ao sentido da própria vida?

As duas figuras estão pintadas sobre um fundo dourado. O ouro tem uma outra qualidade como cor. Pertence ao eterno e ao sobrenatural. O que sucede sobre um pano de fundo desses não pode ser avaliado com base nos padrões do cotidiano nem, em muitos casos, com os critérios da razão pura.

João e a Mãe de Deus estão de pé sobre um chão verde. Nas cerimônias de casamento da Igreja Ortodoxa, a noiva e o noivo são colocados sobre um tapete comum. Presumivelmente, esse tapete simboliza o início do entrelaçamento mútuo, a base existencial comum, o inter-relacionamento. Quero incluir nas minhas considerações esse simbolismo do casamento. Aqui também duas pessoas entram numa ligação, ainda que de um gênero diferente. O chão verde onde pisam as nossas figuras é elucidativo: verde é uma combinação de amarelo e azul; portanto, uma combinação de conhecimento e fé ou, com relação ao ícone, à existência de conhecimento e fé, conhecimento e premonição. O verde, como cor do crescimento e da procriação, indica: esta relação ocorre em solo fértil. Lembro a visão mencionada no início deste capítulo, na qual João, graças ao encontro com Maria, encontrou inspiração para formular com precisão a profissão de fé. A capacidade de ação que Maria ganhou depois dessa experiência é descrita nas minhas considerações sobre o Ícone da *Deesis*, que trata da passagem de Maria pelos tormentos do inferno e a sua corajosa defesa dos torturados perante Deus (ver página 116 e seguintes). O verde, como cor do Espírito Santo, também mostra de que espírito provém essa ligação.

Os chinelinhos vermelhos da Mãe de Deus transmitem-nos um ar de alegria infantil; lembram os sapatos usados pelas princesas nos contos de fadas. Por que são destacados aqui e enfeitados como que com asas? Será que a alusão é a de dar asas aos pés? Com efeito, nessas relações irracionais vibra algo com animação juvenil, eufórica e sensual.

O nosso quadro, na parte inferior, é limitado e contido por uma fita vermelha (não visível na reprodução do ícone). Seria o laço de um amor subliminar que, nesse encontro, segura e liga a ambos? Um amor que, na vida do dia-a-dia, não é visível nem realizável, mas que proporciona a esta obra, fruto do encontro, a base de sustentação e o fogo criador. O laço vermelho está abaixo da moldura; portanto, é "subliminar" no verdadeiro sentido.

O vermelho também é a cor do poder; não há como escapar dessa cor. Ela faz o coração bater mais depressa e "intensifica as experiências conscientes e os sentimentos até fazer sentir que todos nós somos 'um todo' em púrpura".[3]

Em vez de citar o caso de inúmeros casais anônimos, quero mencionar aqui, como exemplo para o tipo de relação acima esboçado, o do compromisso e união de Teresa de Ávila com o padre Gracian, de cuja difícil relação nasceu a Ordem das Carmelitas e a fundação de muitos mosteiros como obra comum — um exemplo de cultura e civilização verdadeiras. Teresa qualificava sua relação com o padre de "como se fosse a de um casamento", mas apressava-se a acrescentar que ela ia muito além do nível pessoal.

Na linguagem psicológica de hoje, classifica-se essa ligação sobriamente de "transferência e contratransferência" ou "relação psicológica". Impõe-se perguntar se essa formulação faz justiça ao caso. C. G.

Jung compara esse tipo de encontro a uma "cópula em nível elevado". "Cópula", com efeito, é uma qualificação adequada em mais de um sentido, e principalmente por isso, porque essa experiência sempre traz frutos preciosos, quando não externos, pelos menos internos.

O que o homem aprende quando passa por essa experiência fatal e por que ela tem repercussões tão amplas? Não quero responder a essas perguntas com palavras próprias. Prefiro citar duas pessoas que tiveram essa experiência e refletiram sobre ela.

Em última análise, cada encontro legítimo entre duas pessoas deve ser aceito como um mysterium conjunctionis. *O segredo vivo sempre está escondido entre duas pessoas e é o* mysterium *verdadeiro que palavras não podem revelar e argumentos não podem esgotar.*[4]

Talvez eu possa acrescentar: não se trata somente de "segredo vivo", mas também do segredo da vitalidade de maneira geral.

A outra voz:

A Ti eles viam em si mesmos,
ao contemplar-se mutuamente.
Tua Mãe via-Te naquele jovem
e este via-Te na Tua mãe.
Ó, aqueles que a Ti, meu Senhor,
viam um no outro, o tempo todo,
como que num espelho,
deram-nos um exemplo,
para que nós Te víssemos,
ó Salvador,
ao nos olharmos um ao outro![5]

O Pranto da Virgem

LUTO E SOLIDARIEDADE

Meus pensamentos sobre este sagrado ícone, para cuja descrição mal encontro palavras, podem, para a minha própria surpresa, ser verbalizados a partir de um poema de Rilke.[1]

Pietà

Agora o meu desespero torna-se completo, indescritível, e toma conta de mim.
Estou rígida como o âmago de uma pedra.
Paralisada como estou, só sei de uma coisa:
tu cresceste — ...e cresceste e fizeste, agora, que essa esmagadora dor ultrapassasse a capacidade do meu coração.
Agora estás deitado no meu colo, agora já não posso dar-Te à luz.

Rilke retrata-nos uma Mãe de Deus que, entorpecida diante do incrível acontecimento, abriga o filho morto no colo, mas está resignada. A representação dessa cena na arte sacra ocidental é-nos familiar graças a muitas obras comoventes. De maneira muito diferente, porém, este nosso ícone oriental fala do trágico acontecimento. Estamos analisando um afresco do século XII. A Mãe de Deus abraça o Filho morto com um veemente gesto de amor e se deita ao longo dele. Abraça-o como se fosse o amante; envolve-o com o seu corpo, com a sua alma e o leva para a escuridão eterna, de onde saem novos nascimentos, uma escuridão de onde apareceu também esse filho ao mundo.

Não é com humildade resignada que essa Mãe espera os acontecimentos; não, ao contrário, com paixão ela puxa o moribundo para perto de si, como se ela, Mãe da vida, quisesse desafiar o próprio Deus que lhe impôs esse sofrimento. Como Mãe de Deus e co-criadora da raça humana, ela não pode tolerar que a obra gerada e divulgada por ela seja ceifada. Mais uma vez, envolve o Filho nas cores azul-verde e marrom-púrpura, as duas cores que determinaram a vida dele; o céu e a Terra, entre os quais ele se dividia: ele pertenceu a dois domínios diferentes, suportou-os, uniu-os e reconciliou-os no seu ser e na sua vida. Seu destino era "ser verdadeiro homem e verdadeiro Deus".

Também o discípulo parece estar transmitindo força ao agonizante; ou será um último diálogo que se trava, em ritmo suave, entre os dois? Com ambas as mãos, João recebe o que ainda está por vir. Uma peça de sua roupa avoluma-se no peito, formando uma orelha superdimensionada, enquanto um raio que chama a atenção do observador chega ao seu ouvido verdadeiro: ele é "todo ouvidos" para as últimas palavras de seu Mestre. Se a Mãe recebe o *corpo* de Cristo com amor, João faz o mesmo em relação às *palavras* dele. Mãe e Filho formam uma unidade em movimento; a cena sugere concórdia e integração. Nessa hora final, Maria parece absorver e também assimilar a imagem do Filho e, por intermédio dela, todo o masculino, da mesma maneira como Jesus na *assumptio* (recepção no céu) assume a alma de sua Mãe, alcança assim a sua própria integridade e transforma-se, depois, no Salvador. Talvez se possa dizer que Maria, com o acolhimento carinhoso do Filho morto, também aceita a morte como um lado da vida. Como Mãe da vida, não pode excluir esse aspecto. Paralelamente à missão do Filho, que carrega o pecado do mundo, a ela cabe carregar a morte do mundo e transformá-la.

Aos pés do morto aparecem Nicodemos e José de Arimatéia, companheiros que fielmente acompanham o que acontece junto ao túmulo. Eles também são dedicados ao Senhor e o deitaram carinhosamente sobre a relva verde, santificada por linhas douradas. Acima está a abóbada do firmamento azul. O que significará o cálice próximo à cabeça do morto? Será o cálice do sofrimento, agora vazio? Ou deve acolher as lágrimas da Mãe, dos homens?

O túmulo que se abre atrás da Mãe e do Filho não é igual à sombria cova que aparece em outros quadros. Como estou na dúvida sobre se o que aparece no nosso ícone representa um torrão de terra ou um sulco aberto com arado e depois aterrado, resolvi meditar sobre as perguntas que se referem à volta à escuridão da terra onde se extingue todo tipo de dolorosa diferenciação, e nós estamos livres de toda obrigação de reconhecer o que quer que seja. Onde procuramos o lugar do nosso último descanso? No almejado acima ou no abrigo abaixo? A idéia de voltar ao colo da Mãe-Terra não nos dá a mesma esperança para o futuro que a idéia de sermos levantados para o lugar incrivelmente distante onde brilha a luz eterna? Sabemos que o grão de trigo, embora enterrado na terra, na hora certa, volta a germinar, brota e traz frutos centuplicados? O que significa "vida depois da morte" ou "vida eterna"? Ela não pode consistir nas mesmas atividades que desempenhamos? Só nós continuamos a viver no além ou também os nossos filhos e todas as pessoas a quem estávamos ligados? Todos eles não levam adiante pequenos germes de vida que faziam parte de nossas antigas provisões? Não posso viver neste mundo de forma tão consciente, responsável e válida para que eu não tenha mais que procurar a sua conclusão no além? O descanso eterno não seria uma esperança equivalente à de uma vida eterna?

Mas voltemos ao ícone. As imagens ultrapassam o poder de expressão das palavras. Lembremo-nos de que nenhum evangelista descreveu a cena nele representada. Este episódio, por assim dizer, paira entre a morte e a ressurreição. O desconhecido monge-pintor, sem dúvida dotado de calor humano, deve ter sentido um mal-estar diante da omissão do Evangelho ao não pensar no sofrimento da Mãe. Sensibilizado, deve ter perguntado a si mesmo o que ocorria entre Mãe e Filho neste trágico instante. Parece que seus escrúpulos contribuíram para a elaboração do afresco.

Nesta altura, eu gostaria de destacar que em muitos mitos pré-cristãos existe o motivo da mãe com o filho morto. Menciono só alguns exemplos: Aruru e Lil, no mito sumério; Ishtar e Tamuz, no babilônico; e Ísis e Osíris, no egípcio. Nestes e em outras crenças míticas, a mãe, irmã ou amante cuida do morto ou dilacerado, recompõe-no, na escuridão, no mundo dos mortos e o faz ressuscitar como jovem Deus ou herói. Portanto, o nosso afresco tem suas raízes em camadas muito antigas da fé e da problemática humanas. Como todos os ícones, este também transmite-nos esboços de eternos sofrimentos e problemas da existência humana. Um texto dedicado ao Sábado da Aleluia contém um diálogo entre Mãe e Filho. As primeiras linhas dizem: *Não te lamentes, Mãe, que estás olhando no túmulo o Filho que concebeste como Virgem no teu seio, pois ressuscitarei e me cobrirei de glória. E na magnificência sem fim, enaltecerei, como Deus, aqueles que te louvam na fé e no amor.*[2]

Nós, que somos homens comuns, nos lembramos, junto com o pintor, que a morte de um filho está entre os fatos mais dolorosos que uma mãe pode viver e sofrer. Com todo o nosso amor, pensamento e esforço faríamos tudo para manter a vida e salvar nosso filho. Quantas vezes mães e mulheres de todos os tempos, ao contemplar o quadro da Mãe das Dores, não se sentiram cativadas por ele. E também para homens e filhos esse quadro terá sido consolo e expressão das mais íntimas esperanças. Nem todas as pessoas viveram a morte real de um ente querido e compartilharam esse sofrimento com outros: mas talvez todos nos lembremos de outros sacrifícios que tivemos de fazer: morte na alma, possibilidade de vida que perdemos, destruição das mais belas esperanças, perda de impulsos de vida, fontes que vimos secar. Cada um sofre, no decurso de seu desenvolvimento, mortes parciais em seu interior e desespera-se como a Mãe de Deus, que tem que entregar o seu Filho. E quem entre nós não se apega, até um ponto extremo, àquilo que acaba tendo de sacrificar! É infinitamente doloroso separar-se do que nós mesmos geramos e desenvolvemos, seja um filho, uma obra, uma formação, um relacionamento. Todas as nossas obras, menores e maiores, são "filhos" espirituais. Num trecho anterior deste trabalho, mencionei-os no contexto da "criança divina". Abandonar esse "filho", ou esse fruto, que nos dá tanto gosto e tanta força, a favor de novos estágios de desenvolvimento, pode significar um verdadeiro sacrifício. A subordinação do "eu" ao "si-mesmo" pode provocar sofrimentos e sacrifícios. Por isso, o Evangelho ensina-nos que Jesus morre no seu aspecto terreno e humano e transforma-se num Cristo elevado, divino.

Em todos os planos da nossa existência, o ícone do Pranto fala para nós. Pelo pranto, o crente participa do luto de todo o cosmos e chora o fato "de que o homem toca no seu criador".[3] É uma contradição incompreensível que Jesus, fracassando no episódio da cruz, supere a morte e, graças a esse sofrimento, acabe tornando-se o Salvador.

O nosso quadro segue o *troparion* do dia, que diz:

O venerando José, que tirou da madeira o Teu corpo todo puro, envolveu-o num lençol limpo de linho e em ervas aromáticas, cuidou dele e colocou-o num túmulo novo.[4]

Foi talvez a menção do pano de linho que posteriormente motivou a criação de preciosas mortalhas que, na Sexta-feira Santa, são colocadas e veneradas no altar. Nelas está bordada a imagem do corpo morto do Salvador.[5] Essas obras de arte irradiam uma indescritível atmosfera de santidade. Sentem-se literalmente os intermináveis suspiros e lágrimas de todas as mulheres que já choraram os seus filhos e amados. As hábeis mãos das bordadeiras parecem ter passado para o linho o luto do mundo inteiro. Quem ora contemplando a imagem sente o toque do Espírito Santo. Somente as mãos não conseguem criar essas obras de arte; são as próprias almas enlutadas que, por intermédio das mãos, falam para nós, falam do pranto, falam do choro.

Não deveríamos perguntar a nós mesmos qual é o efeito de se chorar um golpe do destino? Quais seriam as possíveis conseqüências da ausência de choro? Ao ouvir, o leitor percebe alguma diferença entre chorar simplesmente e chorar por alguém? O leitor chora? Como se sente quando não chora? O leitor já refletiu sobre os diferentes tipos de choro? Está sempre consciente do motivo pelo qual chora? Sabe que Jesus se volta para Pedro no momento em que este começa a chorar?[6]

Estas reflexões sobre o choro talvez façam o leitor chorar agora. Em caso afirmativo, deixe rolar as lágrimas provocadas pelo quadro. Em relação ao seu sofrimento, faça como a Mãe que chora o Filho com amor. Quem chora, liberta fontes interiores, cria novas possibilidades, faz com que se dissipem os muros que cercam o coração — como fez o anjo com a pedra à frente do túmulo.

Enkomia na manhã de Sexta-Feira Santa:

Ó Deus, ó Palavra,
como vou suportar o teu túmulo de três dias?
Este sofrimento dilacera o meu coração
como só pode acontecer a uma Mãe.

Quem me dará água
e fontes de lágrimas,
gritou a Noiva de Deus, a Virgem,
para chorar o meu doce Jesus?

Vós, morros e vales,
vós, multidões de homens,
tende pena de mim!
Lamentai e chorai todos comigo,
a Mãe do vosso Deus![7]

As santas mulheres no túmulo

ATRAVESSANDO UMBRAIS

O dia raia — três mulheres no túmulo,
uma imagem mística.
Tudo em meio a um crepúsculo tépido —
Onde fica o frio do túmulo?
Morte, onde está o teu ferrão?

As mulheres no túmulo,
Três mulheres de estirpe —
A trindade feminina.

Desenvolvimento do feminino diante da morte?
Um véu de ouro sobre tudo.

Este ícone traz uma representação antiga dos acontecimentos liga-dos à ressurreição. Precedia esta obra um quadro de Jonas saindo do ventre da baleia. Ambos são tímidas tentativas de representar a expe-riência de uma viagem noturna pelo mar, as fases escuras da incuba-ção, as transições difíceis e, ao mesmo tempo, anunciar a sua supera-ção. O quadro original da ressurreição com as mulheres que traziam bálsamos, porém, não fora reconhecido como tal e fora substituído pela imagem da descida de Jesus Cristo ao mundo dos mortos. "Devemos acreditar na ressurreição, anunciá-la, mas não representá-la" — esta era a ordem. Como um acontecimento que ninguém presenciou, per-manece como um segredo e não pode ser representado pictoricamen-te. Causa espécie, porém, que a descida ao inferno, embora tão invisí-vel quanto a ressurreição, tenha sido pintada e permaneça, até hoje, o ícone central da Páscoa na Igreja Ortodoxa.

Sendo uma imagem muito antiga, o nosso ícone foi encontrado pela primeira vez, no início do século III, na igreja de Dura-Europos, no rio Eufrates.

Sua autoria é atribuída a Rubljew, que deve tê-lo pintado por volta de 1430. Encontra-se no Convento da Trindade de São Sérgio, na cidade de Sagorsk.

O ícone abrange os acontecimentos relatados no Novo Testamento em Marcos 15. 43-16. 8 (e nos textos paralelos de Mateus 27. 57-28. 10; Lucas 23. 50-24. 11; João 19. 38-20.10). O texto de Marcos 16.1-8 (veja também os textos paralelos de Mateus 28. 1-10, Lucas 24. 1-12, João 20. 1-13) diz o seguinte:

Passado o sábado, Maria de Magdala, Maria, mulher de Tiago, e Salomé compraram bálsamos para ungi-lo. E muito cedo, no primeiro dia da semana, ao despontar do sol, foram ao túmulo. Diziam umas às outras: quem nos removerá a pedra da entrada do túmulo? E olhando viram que a pedra já estava revolvida. Era realmente muito grande. Entraram no túmulo e viram um jovem assentado ao lado direito, com vestes brancas longas, e ficaram aterrorizadas. Ele, porém, disse-lhes "não vos atemorizeis; buscais a Jesus, o nazareno que foi crucificado; ele ressuscitou, não está mais aqui; vede o lugar onde o tinham posto. Mas ide, dizei a seus discípulos, e a Pedro, que Ele vai adiante de vós para a Galiléia; lá o vereis, como Ele vos disse. E ainda, elas fugiram do sepulcro, porque estavam possuídas de temor e assombro. E de medo nada disseram a ninguém.

O *troparion* litúrgico, praticamente a quintessência do relato, é dedicado ao Dia das Mulheres Santas, tem o seguinte texto:

O Anjo que se encontrava junto ao sepulcro disse às piedosas mulheres: A mirra pertence aos mortos! Mas Cristo não se decompõe. Em vez disso, gritai: o Senhor ressuscitou e trouxe ao mundo a grande misericórdia.[1]

Um *hypakoi* da liturgia pascal reproduz magnificamente o teor do trecho — produzindo um maravilhoso hino cantado durante a celebração:

As mulheres em torno de Maria adiantaram-se ao raiar do dia
e encontraram a pedra do sepulcro removida.
Da boca do Anjo ouviram a notícia:
Por que vós, como homens, o procurais entre os mortos
aquele que mora na luz eterna?
Olhai as mortalhas!
Correi e anunciai ao mundo
que o Senhor ressuscitou e que Ele matou a morte.

Pois o filho de Deus é Ele,
que salvou a raça humana.[2]

Também o texto do *kontakion* do Sábado de Aleluia refere-se ao nosso ícone:

Quando gritaste para as mulheres que carregavam a mirra
"Alegrai-vos", Tu, Cristo Deus, acabaste com o lamento de Eva,
mãe arquetípica, com a Tua ressurreição.
Aos Teus apóstolos mandaste anunciar:
O Salvador ressuscitou do túmulo!

Do lado esquerdo do nosso ícone, as mulheres com roupas de cores escuras e quentes, carregando recipientes de bálsamos nas mãos: Maria de Magdala, a "outra" Maria e Salomé (as figuras também mudam, conforme o Evangelista). No centro, vemos o túmulo vazio com peças de roupa jogadas, em geral, uma para a cabeça e a outra para o corpo. À direita está o anjo — muito branco — sentado sobre "a pedra que foi revolvida do túmulo", não para abrir caminho para o ressuscitado mas, ao contrário, para permitir a visão do túmulo vazio e para provar que houve uma ressurreição, apesar da pedra. A pedra deve testemunhar que o corpo do morto não foi carregado do local, mas que desaparecera de maneira inexplicável. Em termos psicológicos, poderse-ia chamar isso de libertação sem mudança da situação exterior.

A pedra aparece na forma de uma esfera vermelha. Fica a critério de quem contempla o ícone decidir que significado atribuir à pedra assim representada: como esfera, ela pode começar a rolar a qualquer hora. Como bólide, pode ser comparada à *dynamis*, ao núcleo de fogo, ao sol nascente. Como globo terrestre, faz-nos pensar no novo mundo que agora começa a existir.

As asas do Anjo se movimentam rugindo em direção às mulheres, como se fossem antenas de escuta; elas lançam um encantamento, tornando o anjo e o túmulo intocáveis.

Criaturas polêmicas, os anjos,
como que encravados
entre Deus e o homem,
mas brilhante presença
no Jardim da Páscoa

sobre a laje sepulcral suspensa...

Poema da beneditina Silja Walter, que continua assim:

Através do anjo
nós O veremos.
Os anjos nada mais são
do que transparências
para que se possa vê-Lo.[3]

O corpo saiu das roupas deixadas para trás; elas são indícios da invencibilidade de Cristo. "Aqui não ocorre a volta à realidade histórica, mas a mudança para a existência divina"(L. Heiser). A teóloga D. Sölle expressa a sua opinião do seguinte modo: "Deve-se perguntar para onde Cristo ressuscitou. Provavelmente, não para o céu, pois nesse caso seu vôo terreno não passaria de um trágico *intermezzo*. Ele ressuscitou passando pela consciência de algumas pessoas para a História de todos os homens..."[4]

É interessante notar que a palavra russa para "ressuscitar" também significa "bater em pedra para fazer sair centelhas". A centelha que se desprende rapidamente parece uma imagem adequada para ilustrar a experiência da "ressurreição".

Quando pergunto a mim mesma o que significa ressurreição, passam-me pela cabeça pensamentos como: passagem forçada para uma nova vida; salvação depois de uma noite da psique; nova centelha de vida depois de um período de grave sofrimento; vida num novo estágio; mudança no modo de ser.

Como, porém, posso entender a palavra "túmulo"? Para mim, túmulo é tudo o que me encarcera, aperta, me impede de viver, me encapsula, escurece o ambiente em que vivo. Repressão é um pedaço de túmulo. Suprimir impulsos de vida é um pedaço de túmulo. Não dizem por aí — e com razão — que uns e outros "cavam a sua própria sepultura"? Não nos encarceramos a nós mesmos com muitas coisas que nos impomos ou proibimos a nós mesmos?

E qual é a minha "pedra" que eu não consigo remover?

Num sermão ortodoxo eu ouvi a resposta, isto é, que a pedra deve ser vista como "rocha de preocupações terrenas"; preocupações que pesam sobre a nossa alma e a enclausuram como a pedra do túmulo. Essa interpretação me convence. É de se esperar que em boa hora algo ou alguém bata energicamente nessa nossa pedra; assim como fazem os crentes, ao celebrar a Páscoa: batem nos portões fechados da igreja até que eles se abram — como outrora o túmulo fechado.

Libertação do "túmulo" para mim também significa desprender-se de coisas da vida passada; ter a capacidade de deixar para trás tudo o que já foi; libertar-se de circunstâncias rígidas de vida ou passar pelo desfecho feliz de uma dolorosa fase de transição. A sensação de libertação — ou de ressurreição — talvez surja de maneira mais discernível quando nos chegam novos impulsos de vida, novos desenvolvimentos, novos impulsos criativos.

O Salmo 124. 7-8 exprime essa alegria com a libertação por meio de uma bela imagem:

Salvou-se a nossa alma,
como um pássaro do laço dos passarinheiros;
quebrou-se o laço, e nós nos vimos livres.
Nosso socorro está no nome do Senhor,
que fez o céu e a Terra!

As roupas deixadas por Cristo apontam para o fenômeno da transformação. Ocorre um nascimento para a personalidade própria e para uma vida em outro nível.

No comentário sobre o Ícone do Nascimento já aludimos a esse desenvolvimento e a essa revelação (página 68) falando das faixas em que a criança divina foi envolvida, cujos laços estão se desprendendo. Os mesmos laços que devem ser soltos nós os encontramos no ícone da "Ressurreição de Lázaro". Aqui está sempre presente um homem que rola a pedra e solta um laço que prende; trata-se, por assim dizer, de um "ajudante do desenvolvimento".

Será que este detalhe apenas aparente exorta-nos a remover pedras, um para o outro, a fim de beneficiar o "desenvolvimento" do próximo?

A figura — ou a experiência — do anjo são, para mim, fenômenos limítrofes. São assustadores e premonitórios ao mesmo tempo. Eu considero o anjo como um mensageiro entre o aqui e o ali, ou melhor, entre a consciência e o inconsciente. O pensamento que surge de repente, a elucidação, a percepção que nos transforma, a ordem compulsória, a animação inexplicável — todos têm um pouco da natureza do Anjo.

O Anjo que aparece no nosso ícone não é homem nem mulher, mas um "ser diferente", como dizem. Heiser qualifica o Anjo como "ícone espiritual de Cristo".

Do lado oposto do Anjo, estão as três mulheres que trazem o bálsamo. São elas que enfrentam o inexplicável acontecimento com carinhosa preocupação, com uma pergunta no coração, com os sentidos alerta e levando essências aromáticas. Ali estão elas como que brotando do tronco de uma árvore:

— vermelho-brasa, Maria Madalena,
— vermelho-laranja, provavelmente, Salomé,
— marrom-púrpura, a "outra Maria".

Que "outra Maria" (compare Mateus 28. 1)? Seria a Maria "transformada"? A Maria, a Mãe de Jesus, que agora se transforma em Mãe transpessoal, Mãe de um Deus? Não seriam as três figuras uma só e a mesma pessoa? A afinidade das cores de seus vestidos pode sugerir afinidade de almas. A aparência do trio sugere movimento e desembaraço. Essas figuras lembram-nos as deusas nórdicas Urd, Werdandi e Skuld.

Nesta altura, quero ressaltar o estranho fato de a iconografia de Maria na Igreja Oriental admitir que a Mãe de Jesus também está presente no sepulcro, embora nenhum dos evangelistas mencione essa presença. Marcos e Lucas falam em três mulheres; Mateus, em duas; e João só em Maria Madalena. Maria, a Mãe de Jesus, não está entre elas. A Igreja Oriental justifica a sua maneira diferente de retratar esses acontecimentos com a argumentação dos Padres da Igreja, que pode ser resumida da seguinte forma: "No momento da Anunciação, Maria ouvira a saudação do anjo — 'Ave, cheia de graça' — que proclamava o início da renovação do mundo e suspendia a antiga sentença que condenava Eva a dar à luz com dores (Gênesis 3. 6ss). Maria resistira ao pé da cruz; agora devia ser a primeira a receber a Boa Nova e a primeira a encontrar o Filho ressuscitado."[5]

Gregório Nisseno (século IV) escreve:[6]

... pois o sexo feminino tinha de receber primeiro a Boa Nova... por meio do Anjo e ver primeiro o Senhor, ouvindo da boca do anjo o 'Alegrai-vos'. Pois foi também uma mulher a primeira a cair vítima do logro da serpente, provando do

fruto da árvore proibida e sendo condenada ao sofrimento. Por isso, o Salvador permitiu que elas o vissem em primeiro lugar e caíssem prostradas diante dele para abraçar-lhe os pés, pois foram elas as primeira a cair e a se afastar dele... Ele queria que uma mulher, que fora a transmissora da tristeza a Adão, também fosse a mensageira de alegria para os homens. Assim, o Salvador conciliou opostos com recursos opostos.

Pensar que a "outra Maria" era a Mãe de Deus é bem lógico; ela não se esquivara do sofrimento de Cristo, mas permanecera junto à cruz (João 19. 25). Nada mais justo que ela divulgue a Boa Nova, visto que ele é a fonte da alegria e recebeu a magnífica saudação: "Ave, cheia de graça, o Senhor está contigo." Ela cumpriu a ordem do Senhor e levou a mensagem aos discípulos.

Epifânio (século V) argumenta:[7]

Toma conhecimento das circunstâncias do duplo nascimento de Cristo e aplaude esses milagres: um anjo anunciou a Maria que o nascimento ocorreria normalmente, de uma mãe; também um anjo anunciou a Maria de Magdala o atemorizante renascimento do túmulo. Cristo nasce em Belém, de noite; também de noite, renasce em Sião. No nascimento, Ele é enfaixado; também o enfaixam aqui. Deram-lhe mirra no nascimento; também no túmulo dão-lhe mirra e aloés.

Epifânio enumera mais analogias desse tipo, todas visando explicar que aqui se trata de nascimento e renascimento e que, por isso, a Mãe também tem de estar presente junto ao sepulcro.

Para mim, essas afirmações significam que as pessoas, nas ocasiões difíceis em que suas vidas sofrem mudanças radicais, necessitam de solidariedade materna — feminina — delicada, para que a renovação interior seja bem-sucedida. Também as próprias pessoas deveriam dispensar a si mesmas cuidados maternais quando a hora é sombria.

Sobre o acontecimento do renascimento, Epifânio escreve:[8]

Se achas que se trata de invencionice e não de verdade da fé, tua opinião é desmentida pelos selos inviolados do túmulo... pois, do mesmo modo como Cristo nasceu de uma virgem, embora o colo virginal estivesse selado e fechado pela natureza, seu renascimento também ocorreu com os selos inviolados do túmulo.

Também Sofrônio (bispo de Jerusalém, século VII) argumenta de modo semelhante:[9]

Como Cristo não violou o seio virginal de que nasceu e, assim, indicou que pretendia conduzir a humanidade para uma vida inviolável, divina, assim imortal, Ele saiu do seio da terra para que todos os crentes pudessem participar de sua vida imortal. Um grito de alegria acompanhou ambos os acontecimentos da regeneração: Alegrai-vos!

Aqui deparamos novamente com a idéia de que o seio da virgem e o seio da terra são uma coisa só. A progenitora deve estar presente a esse ato de renascimento. Alegra-me o fato de que a iconografia da Igreja Oriental reconheça isso e o fixe em imagens. Também não acontece no dia-a-dia que a *Mater*, palavra ligada a *Matéria* e *Matrix* sente, antes que outros, uma "perda de substância"? Ela percebe antes onde um invólucro se esvaziou e a vida pulsante fugiu. Também é ela que, na hora oportuna, leva a nova vida para o Templo — como nos ensinam os dois ícones: "Apresentação de Maria no Templo" (ver página 35) e "Apresentação de Jesus no Templo" (ver página 81).

Repetindo, quem eram as outras mulheres presentes no sepulcro não está claramente estabelecido, com exceção do que se refere a Maria Madalena. Na concepção da Igreja Oriental, porém, ela é uma figura tão complexa que eu quero contar algo mais a respeito dela e refletir sobre quais implicações psicológicas são trazidas por esse fato.

Maria Madalena não é Maria, irmã de Marta e de Lázaro; nem é a pecadora mencionada em Lucas 7. 37-50, que enxuga os pés de Jesus com os cabelos, e nem Maria de Betânia, que unge Jesus antes de sua *via crucis* (João 12. 1-11). Maria Madalena é a mulher de Magdala que teve seus demônios expulsos por Jesus e depois integrou-se na comitiva de Jesus, naquele grupo de mulheres que "serviam a ele com seus bens", como diz a versão inglesa da Bíblia (Lucas 8. 3).

Foi idéia, criativa e psicologicamente óbvia de Efraim, o Sírio (século IV) entrelaçar na figura de Maria Madalena três aspectos femininos:

— a pecadora,

— a curada dos demônios

— a interessada em assuntos espirituais (Maria, irmã de Marta).

Gregório Magno adotou e levou adiante as idéias de Sírio (século VI). No mesmo sentido, a figura de Maria Madalena foi adotada posteriormente pela arte.

Qual é o significado psicológico e teológico de se ter atribuído a Maria Madalena esses três aspectos? Criou-se uma imagem feminina mais abrangente e mais estratificada. Os pensadores dessa época merecem aplausos por terem incorporado tão sutilmente essa figura, as nuanças mais sombrias da condição feminina e por terem atribuído a ela essa qualificação com seus escritos; como se faltasse a eles uma irmã das sombras ao lado da reluzente figura de Maria. Agora, é interessante saber que a teologia ortodoxa classifica Maria Madalena como a única mulher "igual aos Apóstolos". Essa condição é o máximo a que uma pessoa pode aspirar e, se for da vontade de Deus, alcançar em termos de formação espiritual. Segundo um comentarista, Maria Madalena mereceu essa distinção porque fora a primeira a ir corajosamente até o túmulo, porque assistira destemida à paixão de Cristo, enquanto os discípulos fugiram, e porque fora a primeira a receber a incumbência de divulgar a notícia da ressurreição. Dizem que, depois, ela foi seguida "pelas mulheres puras que conseguiram obter coragem masculina".

Como sabemos pelo Evangelho, Maria Madalena pertence ao grupo de mulheres que serviam a Jesus com seus "bens". Ela tornou-se substancial porque viveu a sua vida e realizou o seu modo de ser em todos os seus aspectos. No texto original grego, a cura dos demônios é descrita como "desamarração", "desatamento". Assim como os próprios Lázaro e Cristo são libertados de suas amarras e das faixas que os prendiam, Maria Madalena é libertada dos grilhões de seus demônios para uma nova vida. Desse modo, experimentou em si mesma um pouco de ressurreição. Possivelmente, essa experiência levou-a para sua condição interior de igualdade aos Apóstolos.

Nessa condição, Maria Madalena também era missionária. Diferentemente dos Apóstolos — assim diz a lenda — fez esse trabalho não só falando, mas também presenteando, dando a alguém um ovo vermelho — que foi o primeiro ovo de Páscoa! Maria Madalena tem e dá seus bens! Pode-se dizer que ela demonstrou possuir uma abençoada habilidade e talento ao transformar em ação *e* obra aquilo que lhe fora dado compreender no túmulo, no umbral, sobre o segredo da ressurreição. Ela sempre é representada, diga-se de passagem, num vermelho brilhante, possivelmente como expressão de seu ardor, de seu amor e espírito. Essa mulher lembrar-nos-ia de que o espírito feminino é especialmente belo quando ligado a Eros? Eu acho importante focalizar mais pormenorizadamente a figura de Maria Madalena para demonstrar, por meio dela, quantas idéias os Padres da Igreja enumeravam em relação aos acontecimentos no túmulo de Jesus; ainda hoje sentimos esse fascínio ao olhar para o véu dourado da imagem, que emoldura tudo: todas as cordas dentro de nós deveriam vibrar com a idéia de que, de uma suposta morte, surge uma nova vida.

152 MARIA

Quem é a terceira mulher no túmulo? A dúvida continua. Talvez uma mulher como nós mesmas.

As três mulheres são chamadas de "portadoras do bálsamo". O bálsamo é algo muito valioso; é conhecido também por "nardo precioso". É um líquido amarelado aromático, que, no verão, pinga em quantidades reduzidas da casca de um arbusto tropical identificado por balsamodentro. Para aumentar esse rendimento, faziam-se cortes em sua casca, mas a qualidade do produto obtido por esse método não era igual à do bálsamo que segregava naturalmente. Menciono esse detalhe porque ele tem valor simbólico para mim. Bálsamo é um remédio popular; dizem que "esse arbusto se deixa ferir para curar os outros". Ambrósio de Milão vê nele a imagem do sangue que escorre da ferida aberta no flanco de Cristo.

O cheiro do bálsamo é acre e forte, razão pela qual principalmente os homens gostavam de usá-lo. (*"Balsama... sunt unguenta virorum".*[20]) Em termos simbólicos pode-se dizer que essa unção com bálsamo, que acentua a masculinidade, na verdade consagra Jesus, o homem. Seu caráter natural e masculino é acentuado e contemplado com força, proteção e valor.

Óleos de unção de todos os tipos sempre são coletados com muita dificuldade e esforço, em pequenas quantidades. Por isso são considerados símbolos da substância da alma e da vida, que também é gerada com esforço, dificuldade e sofrimento. Por intermédio da unção de uma pessoa é-lhe transmitida a essência da vida e o espírito unificante. No nosso ícone, trata-se de unção para a vida eterna. Da vida limitada, as mães da vida acompanham o ente supostamente morto para o outro lado, para vida ilimitada. Assim é típico e plausível que o bálsamo sempre seja coletado e misturado por mulheres. (Aliás, os óleos vegetais tinham significados diferentes. Ao nardo, por exemplo, atribuíam-se qualidades ligadas a Eros.

Para completar minhas considerações, quero mencionar ainda que, no Dia das Portadoras do Bálsamo, lê-se também Atos dos Apóstolos 6. 1-7. Esse trecho fala sobre a escolha, por votação dos diáconos Estêvão e Prócoro para cuidar das viúvas, porque houve queixas sobre a insuficiência da assistência prestada a essas mulheres nessa antiga comunidade no início da era cristã. O que tem esse trecho — a apresentação do problema das viúvas — a ver com o nosso acontecimento? As três mulheres haviam perdido um parceiro físico, um parceiro espiritual? A palavra "viúva", em latim *vidua*, deriva do verbo *dividere* (separar). *Vidua*, portanto, seria a "separada", a "desprendida", a "divorciada", a "diferenciada". Da mesma palavra *dividere* derivam também "indivíduo" e "individualização". Essa última significa: o indivíduo torna-se ele próprio. Ali, no túmulo, onde elas têm de separar-se de seu Mestre, começa para essas três mulheres o novo, o caminho próprio. Por enquanto, ele ainda é obscuro, mas esconde possibilidades ainda não imaginadas. Como já mencionamos, a própria Maria Madalena passará a exercer o apostolado, e Maria, a Mãe de Jesus, transforma-se de mãe pessoal na representante da grande e transpessoal maternidade. Como o seu Filho, também ela transpõe um umbral para o eterno, o transcendental.

Com sua morte, Jesus reflete sobre si mesmo todos os seus companheiros de caminhada. Cada um tem de encontrar a si próprio. Eles não devem apegar-se mais ao adorado Mestre, nem procurar o suposto morto no túmulo, mas compreender que, dentro deles próprios, está surgindo algo novo. "Para onde Cristo ressuscitou?", pergunta D. Sölle, e prossegue: "para a consciência de algumas pessoas." Quando se é obrigado a separar nossas projeções do mestre projetista, então começa o processo de aceitação projetado. Quando não existe mais um ponto de referência exterior em que apoiar-nos, precisamos procurá-lo e promovê-lo interiormente. Essa nova orientação significa um passo para a independência e mais um estágio na interiorização da imagem de Deus, como é sugerido no trecho de Gálatas 4. 19: "... até que Cristo tome corpo dentro de vós."

Parece-me significativo o fato de que, na liturgia pascal, o trecho que se refere à presença das mulheres no túmulo seja imediatamente seguido pelo belo hino: "Vós, que fostes batizados em nome de Cristo, vestistes Cristo, Aleluia!" Ainda que se use nesse hino uma imagem diferente, ele expressa uma nova identificação com o divino, equivalente à idéia de um Cristo interior, de uma imagem interior de Deus.

Poder-se-ia levar mais um pouco adiante o simbolismo de "vestir Cristo" ao ver nas roupas deixadas no túmulo uma imagem do que, daqui por diante, se espera das mulheres: que teçam, elas próprias, um vínculo semelhante entre o divino e o humano, como é representado metaforicamente na vida de Jesus. "Homem verdadeiro e Deus verdadeiro" — é como chamam a Jesus. A figura de Maria é interpretada como um "tear misterioso do plano de salvação" que produziu, de forma que não pode ser expressa em palavras, a veste que une as duas naturezas (frase de Proclo de Constantinopla). A nós homens cabe entrelaçar o humano e o divino também em nós e, assim, tornar-nos homens completos, já que, como dizem, fomos feitos à imagem de Deus!

Da mesma maneira como Jesus Cristo renasce para um novo modo de ser, suponho e espero que as portadoras do bálsamo deste ícone estejam a caminho de seu novo envolvimento. Transpondo esse umbral do túmulo, elas começam a superar a si mesmas: Maria Madalena alcança o apostolado e Maria, a Mãe de Jesus, torna-se a grande Mãe de todos.

Repetindo: quem era a terceira mulher no túmulo? Cada vez eu estou mais certa: ali ela não está representando a todos nós?

Fecha-se o círculo iniciado no início de minhas considerações sobre o tríplice desenvolvimento do feminino diante do túmulo vazio. O que as três mulheres seguram nas mãos é substância, elixir da vida e bálsamo.

Sticheron da manhã da Quinta-feira Santa:

Senhor, embora o túmulo tivesse sido
selado pelos sem-lei,
saíste da sepultura
como nasceste da Mãe de Deus.
Os Teus anjos incorpóreos
não sabiam
como te tornaste carne.
Os soldados que Te vigiavam
não perceberam quando ressuscitaste,
pois ambos os acontecimentos estão
selados para a mente inquisidora,
mas são revelados os milagres,
aos que na fé veneram o segredo.
Já que nós o celebramos nos hinos,
dá-nos alegria e a grande misericórdia.[11]

Kontakion para o Domingo da Páscoa:

Desceste para o túmulo, imortal,
mas destruíste o poder do inferno.
Vitorioso, ressuscitaste, Cristo, ó Deus!
Para as mulheres que carregavam o
bálsamo gritaste "Alegrai-vos!"
Aos teus apóstolos trouxeste a paz,
e aos caídos deste a ressurreição.
Pois Tu és santo, ó nosso Deus...[12]

Excerto do *troparion* da ressurreição, depois de oito tonalidades:

As mulheres santas, discípulas do Senhor,
receberam do anjo a Boa Nova da ressurreição.
Livres da condenação dos antepassados[13]
e orgulhosas, falaram aos Apóstolos:
"A morte está derrotada, Cristo ressuscitou
e mostra ao mundo grande misericórdia."

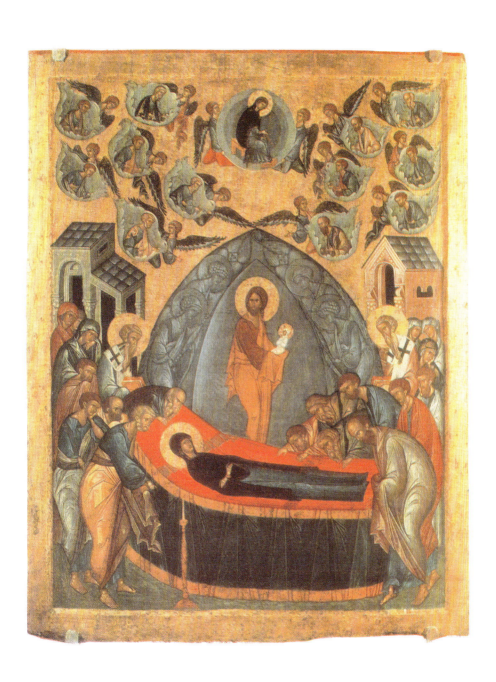

A morte de Maria

Aceitação do natural

É surpreendente o fato de "Maria, a rigor, não ser objeto de dogmas na igreja ortodoxa. Apesar do enorme número de depoimentos e manifestações de louvor que envolvem a sua pessoa, ela só aparece como símbolo único e muito expressivo da ordem divina da salvação. A Igreja ortodoxa não desenvolveu teses dogmáticas em torno de Maria, mas celebra a salvação por intermédio de Deus, exemplificada de maneira única em Maria e sempre presente na liturgia".[1]

Portanto, não é um determinado dogma que o crente ortodoxo tem de absorver; pelo contrário, ele se vê projetado e refletido em Maria. É importante saber disso, pois assim se torna claro que Maria, para os ortodoxos, é a imagem arquetípica, a forma da alma humana, ou então, o que se deve entender como tal.

A nossa festa da "Assunção de Maria ao Céu" chama-se, na Igreja Oriental, "A Morte de Maria". Mais adiante, ainda vamos falar sobre essa sutil diferença.

Nos comentários ortodoxos sobre o assunto constatam-se sobriamente que não existem registros históricos sobre o lugar do falecimento de Maria, nem sobre como ela faleceu; e a Bíblia também não informa nada a respeito. A pergunta sobre a morte de Maria permanece sem resposta, como Epifânio já nota no século IV. Mas no século V houve quem perguntasse de sua morte no contexto da veneração de mártires e de relíquias. No fim do século IV surgiram lendas de teor muito variado, todas relacionadas com o fim de vida da Mãe de Deus. O teor dessas lendas gira em torno da idéia "de que o corpo dela não pode decompor-se, visto que ela não perdeu a virgindade".

Assim, como a virgindade de Maria representava mais do que uma mera integridade biológico-física, seu corpo eterno também não poderia decompor-se. Para os autores dessa tese, a virgindade era expressão da invulnerabilidade da imagem de Deus no homem. Portanto, da mesma forma como esta imagem divina no homem nunca pode extinguir-se, assim também o corpo de Maria não pode decompor-se.

Posteriormente, a fé no acolhimento de Maria no céu com alma e corpo foi ganhando cada vez mais terreno, tanto que no século VI é fixada em 15 de agosto, para todo o império, a respectiva festa. Em Roma, ela só se torna conhecida no século VII.

Para combater a irrefreada formação de lendas, os padres da Igreja produzem homilias (sermões) teologicamente autorizadas. Incluem nelas certas afirmações básicas de lendas e contos apócrifos, mas excluindo enfeites fantasiosos demais.

Divergindo dos líderes da Igreja Oriental, a argumentação católica, ao anunciar em 1950 o dogma da Assunção de Maria, não se apóia nesses contos apócrifos, mas em depoimentos cristológicos encontrados no Novo Testamento; em resumo, "as forças da ressurreição de Cristo já tinham sido ativadas em Maria";[2] o estar em Cristo (ver Paulo) constituía o modo de viver dela. Portanto, o ponto de partida da tese da Assunção de Maria já apresenta divergências.

Apesar da fé compartilhada pelas duas Igrejas acerca da "assunção de corpo e alma", a igreja ortodoxa recusa este dogma, argumentando que as informações bíblicas seriam insuficientes e que a assunção de Maria seria um mistério e, como tal, foge a toda definição dogmática: "A assunção de Maria é tomada como crença e é celebrada nas festas de mistério da Igreja, mas não é fixada como dogma."[3]

Já que os líderes ortodoxos ousam apoiar-se em lendas, gostaria de lembrar rapidamente o significado da palavra "lenda" ou "legenda". Ela vem do verbo latino *legere* e quer dizer, em primeiro lugar: coletar, juntar; e também escolher, selecionar e ler para alguém. Lenda, por exemplo, é também um texto para ser lido na igreja. Mas é também uma composição de muitas linhas que em geral reproduz por metáforas o que o espírito contemporâneo julga bom e que a boca do povo passa adiante por achar sensato.

Agora, a respeito das mencionadas homilias teologicamente autorizadas, estas conduzem-nos diretamente ao ícone e são a base dele, que as aceita como válidas. Mas ícones sempre expressam aquilo que vai além da teologia verbal; eles abrigam "algo mais" do que palavras.

Quando Cristo, o nosso Deus, sentiu vontade de mandar buscar sua Mãe para ficar com ele, mandou avisá-la por um anjo três dias antes da partida dela da Terra. Está na hora, disse, de fazer minha Mãe viver comigo. Não te preocu-

pes com isso, mandou dizer a ela, mas recebe a notícia com alegria, pois irás para a vida eterna. Maria, ansiosa por voltar para junto do Filho, dirigiu-se imediatamente para o Monte das Oliveiras (era o seu costume ir ao monte para orar); mas lá aconteceu algo estranho: as árvores inclinaram-se perante ela e dispensaram-lhe respeito como se fossem súditos vivos dela. Depois da oração, Maria voltou para a sua casa, que começou a tremer. Depois de acender as luzes e agradecer a Deus, chamou todos os parentes e vizinhos. Varreu a casa, preparou a cama e cuidou de tudo o que era necessário para ser enterrada. Comunicou-lhes as palavras proferidas pelo anjo sobre a sua volta ao céu e mostrou-lhes o sinal da vitória que recebera: um ramo de palmeira. Quando as mulheres convidadas tomaram conhecimento dessa notícia, começaram a chorar e a desesperar-se com prantos e lamentações. Refeitas das emoções, suplicaram a Maria que não as abandonasse como órfãs. Maria, porém, tirou a tristeza de todas as mulheres presentes com palavras reconfortantes dizendo que, quando tivesse sido acolhida no céu, seria protetora e auxiliadora delas e do mundo todo. A seguir, mandou que duas viúvas pobres, conhecidas e pessoas de confiança dela, às quais até aí abastecera com alimentos, recebessem cada uma um de seus dois vestidos.

Enquanto Maria dava essas ordens, ouviu-se um estrondoso trovão vindo do céu; viam-se muitas nuvens que levaram os discípulos de Cristo, oriundos de todo o mundo, para a casa da Mãe de Deus. Entre os que se encontravam presentes, havia também os bispos, homens cheios de sabedoria divina, Dionísio Areopagita, Hieroteu e Timóteo. Informados do motivo de sua presença, disseram a Maria: "Enquanto sabíamos que Tu, Senhora, estavas no mundo, víamos em Ti a nossa dona e mestra e Tu eras o nosso consolo. Como iremos, agora, suportar essa dor? Já que, pela vontade de Teu filho e de Deus, serás transferida para o mundo celeste, alegramo-nos com tudo o que Te será dado para a Tua felicidade. Ao pronunciar essas palavras, eles choravam muito. Maria respondeu-lhes: Queridos discípulos de meu Filho e de Deus, não transformeis a minha alegria em tristeza. Enterrai o meu corpo como eu mesma me coloquei no leito. Dito isso, apareceu também Paulo, mestre dotado de força divina, o instrumento escolhido, que se jogou aos pés da Mãe de Deus, rendendo-lhe homenagem. Paulo abriu a boca, louvando-a com muitas palavras. Ele disse: "Alegra-Te com a tua vida e com o que vou dizer. Ainda que eu não tenha visto Jesus pessoalmente, tenho a impressão de vê-lo todas as vezes que olho para Ti. A virgem, então, despediu-se de todos, deitou-se no leito e deu a postura desejada ao seu imaculado corpo. Orou pela conservação do mundo e pelo bem-estar dele, em clima de paz. Abençoou os presentes e entregou o espírito nas mãos de seu Filho e de Deus...

162 MARIA

Segue a descrição do sepultamento e os acontecimentos que o acompanharam, os cantos fúnebres, etc.

Os apóstolos levaram o corpo do qual nasceu a Vida para o lugar chamado Getsêmani e o colocaram no sepulcro. Permaneceram ali durante três dias e ouviram sem parar o cântico dos anjos.

Por estar implementando o plano divino da salvação, um dos Apóstolos não esteve presente ao sepultamento; ele chegou só no terceiro dia. Sentiu-se muito triste porque não o julgaram digno de viver a experiência concedida aos seus companheiros. Nessas circunstâncias, resolveram, por decisão unânime, abrir o sepulcro em consideração ao apóstolo ausente, para que também este pudesse render sua homenagem ao corpo imaculado. Quando olharam para dentro, surpreenderam-se ao ver o túmulo vazio, sem o santo corpo. Lá só estava a mortalha, como que para consolar aqueles que se entristeceriam e para servir aos crentes como prova de que Maria foi efetivamente acolhida no céu.[4]

Nosso ícone acompanha a lenda. No primeiro plano, a Mãe de Deus está deitada em seu leito de morte. Atrás dela está Jesus, carregando a alma de sua mãe. À esquerda e à direita do ataúde podem ser vistos Pedro e Paulo e, atrás deles, apóstolos e bispos. No topo do quadro, anjos trazem os apóstolos que viajam sobre nuvens. Maria, carregada pelos anjos ao céu, de acordo com a lenda, entrega o seu cinto a Tomé (alusão à ferida no flanco de Cristo que o incrédulo queria apalpar).

Acrescento à lenda ainda o *Apolytikion* do dia 15 de agosto (Assunção):

No parto, conservaste a Tua virgindade,
e na morte não abandonaste o cosmos, Mãe de Deus.
Migraste para o outro lado, para a vida,
porque Tu és a Mãe da vida.
Graças à Tua intercessão, salvaste também as nossas
almas da morte.[5]

A expressão usada pela Igreja Oriental "Morte de Maria", em vez de "Assunção de Maria ao Céu" é nitidamente diferente; diferente, principalmente por causa da dura palavra "morte", que parece indicar um rompimento abrupto e evoca uma outra idéia do fim da vida diferente do que sugerem o ícone e a lenda. A expressão "dormição" sugere um desaparecimento gradual, um ir embora tranqüilo, um passar ou deslizar, sem alarde, para o outro lado. Sem querer lembramo-nos da frase inglesa: *Old soldiers never die, they just fade away*. Quem teve a bênção de, na hora da morte, ver atrás de si uma vida plenamente realizada, sabe o quanto é verdadeira essa frase.

Dizem também da Mãe de Deus que ela viveu uma vida plena e cumpriu sua tarefa totalmente. Era o seu destino dar ao mundo, por meio de seu filho, uma nova vida; assim ela conseguiu satisfazer plenamente os requisitos da imagem e do plano de Deus dentro dela. Na concepção ortodoxa, a incumbência precípua do Homem é conseguir a melhor purificação possível, uma limpeza do espelho da alma que deve refletir com excelência a imagem de Deus. Quem for bem-sucedido nessa tarefa da purificação também exercerá sobre o seu ambiente um efeito ordenador e salvador. Maria cumpriu essa meta e torna-se, assim a imagem do Homem intacto e íntegro (virgindade permanente). Visto que conheceu luz e sombras (o nascimento do Filho, a travessia do inferno e a cruz), ela pode, sem mais provas ou tormentos, transferir-se para o além. (A Igreja Ortodoxa não conhece a doutrina do purgatório, mas representa em seus ícones o limbo em que o homem, sem a alma e como sombra, aguarda pacientemente a sua salvação. Nos ícones também podem ser encontradas ilustrações do Dia do Juízo Final com seus castigos.)

A imagem da dormição de Maria e os hinos que giram em torno desse assunto despertaram em mim perguntas e dúvidas. Assim, é especialmente a estranha representação do Filho que carrega a alma de sua Mãe que eu quero examinar mais detidamente. Nem a palavra "dormição", nem o conceito de "assunção" correspondem à *assumptio* latina que, na realidade, deveria constituir o teor do ícone e o motivo de sua festa. *Assumptio* deriva do verbo latino *assumo*, que quer dizer: tomar a si, aceitar, arrogar-se.

Então, o que este ícone quer transmitir-nos? A rigor, não se trata tanto da assunção de Maria para o além, mas do ato de o Filho tomar a Mãe para si. Isso me surpreendeu. Mesmo se escolhermos o significado de *assumo* — arrogar-se — que nesse contexto faz pouco sentido, há a possibilidade de uma interpretação semelhante. Arrogar-se tem que ver com tomar as medidas; ou o Filho toma as medidas da Mãe ou ele encontrou a medida que lhe permite tomar a si a alma de sua Mãe.

164 MARIA

Voltemos ao ícone: Como se trata de um falecimento, à primeira vista surpreende-nos a atmosfera alegre e animada deste ícone. Com efeito, neste dia celebra-se uma festa alegre; a Igreja dá ao *troparion* desta festa o caráter de uma manifestação de alegria:

> *Dançai, povos, batei palmas com fé,*
> *reuni-vos hoje, como amor,*
> *alegrai-nos e irrompei todos vós*
> *num júbilo estrondoso,*
> *pois a Mãe de Deus, magnificamente,*
> *logo será elevada da Terra para o céu.*
> *Sempre a louvamos, nos nossos cantos,*
> *como a Mãe de Deus.*[6]

Apesar do surpreendente clima de alegria, é visível aqui a misteriosa porta da morte com os seus anjos sombrios. O ícone é dominado pelas três cores primárias: vermelho, azul e dourado. As cores primárias não são conseguidas pela mescla de tintas, mas estão presentes por si mesmas. Por isso, elas têm um toque do original, rudimentar, permanente. Anunciam literalmente, e criam dentro de nós a impressão de que o que figura no quadro "ocorre fora do espaço e do tempo, diante de todos e para todos"(Evdokimov); na nossa linguagem, portanto, um acontecimento arquetípico.

Como sabemos,

vermelho significa: vida, amor, energia vital, paixão, matéria;

azul significa: espírito, alma, distância, além, céu;

ouro significa: transcendência a qualquer cor, brilho do divino, preciosidade e eterno.

Será que esses vermelho e azul elementares representam as contradições à espera de conciliação? E o dourado, o transcendental, a união do divino e do precioso? Será que essas três cores, se reunidas, constituiriam o código secreto de uma vida equilibrada, plenamente realizada?

Muitos entre os que contemplam este ícone vêem o leito da Mãe de Deus como uma barca. Com efeito, o esquife é parecido com uma barca; com os seus contornos deslizantes, sugere um movimento de deslizar suave, de se soltar... Esse deslizar suave dá margem à esperança de continuação. Aqui não ocorre uma morte definitiva nem um êxodo, mas um trânsito. Alimenta-se a tênue esperança de que quem viveu a vida de forma plena e solícita também acabará encontrando esse sereno caminho de transição.

A lenda diz que Maria deita-se na cama como ela própria acha correto. Portanto, prepara-se conscientemente para a iminente transição e toma as providências necessárias. Só há uma coisa — falaremos nisso mais adiante — que ela mesma não pôde preparar.

Como indício de movimento, destaca-se no quadro a força com que se projeta para cima a ponta da mandorla que toca na linha dos anjos suspensos no ar e nos apóstolos que acorrem e debruçam como "chuva caindo". Pelas direções de movimento que se entrecortam acentua-se a posição central entre o céu e a Terra, agora. É agora que as coisas estão ocorrendo. A mandorla, como figura, já foi mencionada antes, faz parte do simbolismo da amêndoa, isto é, uma casca dura de romper, com um caroço doce e misterioso.

Na concepção ortodoxa, a mandorla simboliza a luz da auréola que envolve Cristo e cujo brilho encobre o segredo divino aos olhos humanos. A mandorla representa aquilo que o homem pode perceber, mas nunca consegue explicar: o mistério. Cristo também é representado na mandorla, mas só em certas situações; são sempre situações transitórias, tais como a descida ao inferno e ascensão ao céu. No nosso ícone, a mandorla é a porta da morte e da salvação, o limiar entre dois domínios.

Forçosamente, surge a pergunta de saber por que a metade inferior da mandorla não é visível. Tentarei respondê-la para mim mesma: Maria deixou para trás uma parte de sua vida, o lado sombrio. Agora começa uma nova transição. Entre as fases sombrias e tristes, incluo o sofrimento com os suplícios impostos ao Filho e a difícil tarefa da "passagem pelos tormentos do inferno". Esse período na Terra passou. Ainda há o corpo, mas a alma avança para outra forma de existência.

O azul sombreado da mandorla, sugestivo do além, é expressão de terra-de-ninguém espiritual. Uma mandorla se forma onde dois círculos, dois mundos se entrecortam. Marca um estranho estado da alma entre o "nunca mais" e o "ainda não".

Quando observamos o centro do ícone, o ataúde e a mandorla com a Mãe e o Filho, chama-nos a atenção a precisão como se posicionam a horizontal contra a vertical. Mãe e Filho parecem formar uma cruz; parecem ser a imagem de princípios opostos. Para enriquecer esse pensamento, vou fazer algumas associações; por exemplo: a vertical, que simboliza o masculino ascendente, que tem vontade, que tem objetivos; a horizontal talvez possa ser associada à idéia de receber, de persistir e existir. À vertical atribuo o pensamento; à horizontal, a meditação; àquela talvez o instinto da morte; a esta, o instinto do amor. A imagem da mandorla parece unir ambos os instintos: Tânatos e Eros. Será um paralelo ao símbolo da cruz?

Em alguns ícones sobre a morte de Maria vêem-se, na parte superior, uma porta de duas folhas, escancarada. Como Cristo arromba o portão do inferno, a Mãe de Deus abre a porta do céu. "Como Mãe da vida e a primeira pessoa a ser salva, ela tem o direito de entrar pela porta da vida", segundo o pensamento ortodoxo.

É interessante notar que o corpo de Maria é carregado para o céu pelos anjos que, eles mesmos, são incorpóreos; mas a alma dela, Cristo precisa apanhá-la e levá-la para cima. Vemos a "almazinha" (em russo, "Duschenka") da Mãe na forma de uma garota vestida de branco, sentada no braço, ou melhor, na mão do Salvador.

O que é que o filho toma para si ao hospedar e tomar para si a alma de sua Mãe? Por que ele precisa fazer isso?

Jesus Cristo hospeda na pessoa da Mãe da vida, o arquétipo da vida, da energia vital, da geração criadora (a que dá à luz). Com ela, e por meio dela, ele toma a si e hospeda tudo o que é natural, terreno, humano. Com essa aceitação, reconhece o princípio feminino, reconciliando a matéria com o espírito, o corpo com a alma, a Terra com o céu. Pelo acolhimento (*assumptio*) e a integração do materno, ele aquece e anima a sua própria existência. Para ele, isso significa um acréscimo ao que já existia.

Do ponto de vista psicológico, ele assimila — da alma de sua Mãe — qualidades emotivas, criadoras, inspiradoras, e valores como Eros, calor e beleza. A antiga proximidade física entre Mãe e Filho transforma-se agora em inspiração e relação. Ao mesmo tempo, Jesus reconhece a sua própria origem, sua natureza de "verdadeiro homem" e, por assim dizer, volta às suas raízes.

Estou consciente da qualidade discutível das minhas reflexões, mas acho que elas têm algo de positivo. No quadro, não é só o único homem, Jesus Cristo, que toma a Mãe para si; são muitos. A todos os homens que acorrem (os Apóstolos), a Mãe de Deus parece querer explicar de que maneira eles, como homens, podem encontrar a verdadeira vida.

Para alguns contempladores, este ícone, com a pequena figura branca na mão de Cristo, desperta a lembrança do graal, do pequeno cálice precioso que muitas pessoas tentaram localizar. Que sentido poderíamos ver nisso? Em grego, graal significa *kater* (cálice, jarra de misturar bebidas, cratera vulcânica). Um dos nomes que deram a Cristo é *pantokrator*. *Pas/pantos* significa, em grego "todos/tudo"; *krator* deriva, como *krater*, do verbo *kerannumi* que significa "misturar, fundir, reunir, ligar". O *pantokrator* é quem sustenta todos e contém tudo. Ao tomar para si o recipiente que a Mãe foi para ele, a jarra de misturar bebidas, que reúne a natureza divina e humana, Jesus se transforma integralmente naquilo que estava predestinado a ser. Pelo dogma ortodoxo, é só aqui e por meio desta experiência que Cristo se torna efetivamente o Salvador. Salvando a própria Mãe, ele consegue consumar o seu primeiro ato de salvação. Era essa experiência, essa ação que, até aí, faltava ser realizada por ele. Este também pode ter sido o motivo para a expressão assustada de quem faz uma pergunta no rosto de Jesus mostrada pelo ícone. Conseguirá ele fazer o que, agora, estão exigindo dele? Seu êxito também é motivo do júbilo na Festa de *Assumptio Mariae*. Ambos, Mãe e Filho, conseguiram realizar o que o Plano Divino previa para eles: a nova união do Céu e da Terra. Essa união — lembro a jarra de misturar bebidas — também é simbolizada pela veste cor de laranja do Salvador. Como já mencionamos, a cor de laranja aparece onde ocorre a mistura e a penetração do amarelo e do vermelho, isto é, da luz e da matéria. Além da cor laranja, Jesus usa também uma peça de roupa de cor marrom, cor da terra. No Concílio de Calcedônia, de 451, foi expressamente estabelecido que Jesus conserva sua natureza humana, mesmo depois da ressurreição.

Um detalhe impressionante pode ser visto também no azul cintilante do vestido da Mãe de Deus. Cores brilhantes são usadas onde se supõe haver um altíssimo grau de espiritualidade e se quer acentuá-lo. No nosso ícone, essa cor cintilante foi aplicada entre as pernas da Mãe de Deus, talvez porque ali ocorreu o parto do Divino ou porque todos os partos foram santificados por ela.

Em muitos hinos, Maria é cantada e louvada como a "nova Eva" e como a "aia da nossa vida". Graças a ela, toda a culpa de Eva se extinguiu. Chamam-na também "responsável pela volta de Adão à casa". No nosso ícone, porém, agora é o "novo Adão" que leva a Mãe de volta para casa.

Depois de me aprofundar no exame do teor do ícone, surge-me uma pergunta bem "mundana": temos realmente razão quando postulamos, hoje, a separação dos filhos de suas mães como a única ação psi-

cologicamente correta? É correto sempre exigir do homem que se enga-
je sozinho na "luta com o dragão"? Não seria também um ato de coragem, uma tarefa necessária e difícil para o Filho acolher de volta a Mãe
e todos os valores ligados a ela? Separar, sim, mas também acolhê-la
de volta — é isso o que nos diz este ícone. Jesus Cristo torna-se o Salvador só depois de cumprir essa tarefa, ou no nosso estágio, transforma-se de jovem em homem; é claro que também são necessários outros
passos complementares para o desenvolvimento.

Só incidentalmente, e como uma terrível ilustração, eu gostaria de
mencionar que, por exemplo, nos Estados Unidos, alguns psicólogos
às vezes, por causa de conselhos impensados, são chamados de *mother-
killers* (matricidas). Esse fato dá margem a reflexões. Podemos continuar impunemente a negar os valores maternais neste nosso mundo
de destruição? Ou com relação a isso, a roda psicológica do tempo
deveria continuar girando mais um pouco?

Esta pergunta é dirigida — e não em último lugar — às jovens
mães, pois também elas tendem a menosprezar, a negligenciar o materno em si mesmas e nas outras mulheres em detrimento da sociedade.

Esta pequena incursão ilustra como um ícone, embora ambientado fora do espaço e do tempo, sempre pode se manifestar sobre temas
do nosso tempo e da atualidade.

Voltemos ao quadro como um todo. Ele fala da transição para o
além e a coloca numa atmosfera de paz. Eu gostaria de encerrar minhas
considerações com uma ode que também pode nos fazer sonhar com
a paz.

> Como carregado numa nuvem, ó Virgem,
> reuniu-se em Sião o coro dos Apóstolos vindos
> de todos os recantos da Terra para servir a ti, nuvem leve;
> Pois de ti brilhou para todos os que
> estão nas trevas e na sombra da morte
> o supremo Deus, o Sol da Justiça.

> As hostes angélicas ficaram cheias de admiração,
> quando viram o seu Soberano em Sião,
> carregando nos braços uma alma feminina.
> Mas Ele, como cabe a um Filho,
> chamou por sua Mãe com voz santa:

"Vem, ó pura, e sê glorificada junto com o Teu Filho e Deus!"

Quando os anjos viram a morte da imaculada,
admiraram a assunção da Virgem da Terra para o céu.
Superadas estão em ti as limitações da natureza,
Virgem toda pura;
pois Virgem é teu parto e a morte se casa com a vida.
Virgem depois do parto e viva depois da morte,
 salvaste para sempre a tua progênie, ó Mãe de Deus.

É verdade que teu Filho, como fonte de luz imaterial e
como receptáculo dourado para queimar o carvão divino,
te transferiu para o lugar santíssimo, ó receptáculo do
maná e do cajado de Aarão,
ó nova Tábua das leis escrita por Deus,
ó Santa Arca da aliança e altar para o Verbo da vida.[7]

A Mãe de Deus, sarça que não se consome

NOSSO CAMPO DE FORÇAS MAIS ÍNTIMO

O tema desse ícone diz o seguinte: *Fazes dos ventos os teus mensageiros e das labaredas de fogo os teus ministros*; versículo 4 do Salmo 104, que louva a Deus como criador.

A origem do ícone da sarça ardente é bizantina. Isso está documentado historicamente desde o século XI. A forma bizantina, porém, distingue-se da do ícone que estamos examinando: mostra uma montanha, um recipiente ou uma árvore da qual saem labaredas; em frente, estão Moisés, que está tirando as sandálias, e o anjo que fala com ele durante a sua visão de Deus no monte Horeb. Nosso ícone especificamente russo focaliza o tema de outra forma: como uma estrela dentro de uma rosa. Essa forma estelar surge no século XVII sob a influência de um verso do hino *Akathistos*, no qual a Mãe de Deus é louvada como a "estrela que revela o Sol".

Vemos uma estrela octogonal formada por dois quadrados sobrepostos. Essa estrela de oito pontas repousa sobre um círculo formado por pétalas de rosas. Em cima, a rosa parece estar fixada num arco, enquanto embaixo está suspensa sobre a Terra quase como se estivesse pairando sobre ela. A rosa contrasta plasticamente com o segundo plano amarelo. A cor amarela dá a impressão de amplitude. Sua alegria nos faz respirar aliviados; a impressão de irradiar-se para todos os lados sugere movimento e evolução. Aqui, o amarelo substitui o dourado. O dourado — como acentuamos reiteradamente — não é considerado uma cor, mas um brilho divino, eterno. Nossa rosa, portanto, paira como um acontecimento externo diante de um amplo segundo plano que se estende cada vez mais.

Este ícone é qualificado como místico-didático, como uma "rosa mística, que produz uma experiência legitimamente religiosa". Nele estariam justapostos o Antigo e o Novo Testamento. O Antigo Testamento está representado pelas quatro figuras que aparecem nos cantos (Moisés, Isaías, Jacó, Ezequiel). O Novo está representado pelos símbolos dos evangelistas e pela Mãe com o Filho divino, imagem da encarnação. O Antigo Testamento representa a lei e a legalidade; o Novo, a percepção e a experiência viva: em lugar da lei, percepção e experiência viva; em lugar da imobilidade, movimento. Nosso ícone, portanto, deve estar retratando uma reviravolta fundamental.

O texto que o acompanha diz o seguinte:

Desaparece a sombra da lei, e da lei surge a graça; pois como a sarça não foi queimada pelo fogo, Tu, Virgem, deste à luz e permaneceste virgem. Em lugar da coluna de fogo (no caso de Moisés) começa a brilhar o Sol de Justiça (Cristo). Em lugar de Moisés, Cristo passou a ser o Salvador de nossas almas.[1]

Portanto, não se trata somente de um quadro cheio de inocência e amor, de Mãe e Filho, como muitos acreditam; mas, na verdade, o que vemos aqui é a mudança de um princípio orientador.

Dado que se pode recorrer a vários textos para explicar um ícone, desde que não contradiga o seu teor, mas o enriqueça, quero citar os seguintes:

Louvai com hinos o Senhor, que foi glorificado no monte santo e que revelou a Moisés na sarça e no fogo o mistério da virgindade permanente. Conhecendo os mistérios, Moisés, numa santa visão, viu de antemão a tua imagem, ó Virgem: na sarça que não se consumiu no fogo.

Povos, vamos venerar com homenagens magníficas a imaculada Mãe de Deus, pois ela recebeu o fogo da divindade em seu seio sem se queimar. Que ela seja louvada com cantos sem fim.[2]

Tu, a quem Moisés reconheceu na sarça que o fogo não consumiu, como a escada sonhada por Jacó, por meio da qual Cristo Jesus a nossa porta passou, nós te louvamos com nossos cantos.[3]

Todos os textos informam o fato extraordinário de que a Mãe de Deus não se queimou, embora carregasse o fogo dentro de si. Verdadeiramente, um acontecimento que desafia toda a razão e qualquer lei!

O fato de uma sarça virar símbolo da Mãe de Deus tem precedentes em muitos mitos e crenças antigos. Os antigos egípcios, por exemplo, achavam que cada sicômoro era habitado por uma deusa. O sicômoro era considerado uma forma de aparição da deusa celeste Nut. A deusa Hator era definida como a senhora do sicômoro. Significativo no contexto de nossas considerações é também o fato de que a primeira imagem dedicada ao culto da deusa Hera cresceu dentro de uma árvore, e teve de ser retirada dela e ser lavada no mar.

A deusa babilônica Aschera também era representada e venerada dentro do tronco de uma árvore. Pode-se dizer, diante do exposto, que à mulher sempre se atribuiu o crescimento orgânico e da fertilidade. Consta que o primeiro templo dedicado a Ártemis foi construído no local do tronco oco de uma árvore que guardava a imagem da deusa. Acaso não poderíamos imaginar que os ícones, que também são entalhados na madeira, têm origem nessas antigas idéias e imagens arquetípicas?

Começo agora um passeio pelo quadro, ou melhor, vários passeios. Enquanto eu realizava este trabalho senti a necessidade de seguir numa espiral, pois eu esperava que cada volta me permitisse penetrar mais fundo no quadro, até chegar ao seu âmago.

Comecemos com a sarça em chamas, no topo, à esquerda (Êxodo 3. 2): *O Anjo do Senhor apareceu-lhe numa chama de fogo que saía do meio de uma sarça. Quando Moisés olhou, eis que a sarça ardia no fogo, mas o arbusto não se consumia.* Mais à frente, a sarça é mencionada como a morada de Deus.

Em cima, à direita, vemos Isaías (Jessé), do qual está brotando um novo rebento, conforme a profecia de Isaías 11. 1-2: *Do trono de Jessé sairá um ramo: um rebento brotará das suas raízes. Sobre ele repousará o espírito do Senhor; Espírito de sabedoria e de discernimento; Espírito de conselho e de força; Espírito de conhecimento e de temor a Deus.* O versículo 2 provavelmente influenciou a elaboração das várias pétalas da rosa. Em alguns ícones, também aparece neste canto Isaías junto com um anjo que limpa-lhe os lábios com um carvão em brasa segurado por uma tenaz. Uma pequena peculiaridade a mencionar: num certo hino, a Mãe de Deus é venerada como "uma tenaz em brasa".

Embaixo, à direita, aparece Jacó com uma escada; nela, um Anjo e, no topo, Jesus Emanuel. O texto referente a essa parte do quadro é: *Partiu Jacó da Bersabéia e seguiu caminho para Harã. Tendo chegado ao lugar santo de Betel, ali passou a noite, pois o sol havia se posto; tomou uma das pedras do lugar, colocou-a debaixo da cabeça e deitou-se ali mesmo para dormir. E sonhou: Eis que uma escada se erguia sobre a terra e o seu topo atin-*

gia o céu; e os anjos de Deus subiam e desciam por ela. Diante dele estava o Senhor que lhe disse: 'Eu sou o Senhor, o Deus de Abraão, teu pai, e o Deus de Isaque. A terra em que agora estás deitado, eu a dou a ti e à tua descendência (Gênesis 28. 10-13).

Embaixo, à esquerda, vamos a porta fechada do Templo, conforme a visão de Ezequiel (Ezequiel 44. 1-6): *Então fez-me voltar para o pórtico exterior do santuário, que dava para o Oriente, a qual estava fechada. Disse-me o Senhor: Este pórtico permanecerá fechado. Não se abrirá e ninguém entrará por ele, porque o Senhor Deus de Israel entrou por ele; por isso, permanecerá fechado [...] Pelo lado do vestíbulo do pórtico, Ele entrará, e pelo mesmo caminho sairá.*

Essas quatro imagens nos cantos do ícone e seus textos devem ser entendidas tanto como profecias do que virá como símbolos da virgindade da progenitora de Deus. Nos quatro cantos, vemos figuras do Antigo Testamento, todas com roupas de duas cores: vermelho e verde-azulado. É coincidência ou intenção? Será que o pintor quer dizer que as quatro figuras do Antigo Testamento, profeticamente, já "se revestiram de Cristo" (Gálatas 3. 27), o qual vemos embaixo, no Templo, à esquerda, vestindo roupas das mesmas cores? Sugerem as duas cores de sua roupa a dupla natureza de sua personalidade: "verdadeiro homem e verdadeiro Deus"? Ou será que cada figura quer manifestar que o acontecimento iminente atingirá o corpo e a alma (quando a interpretação das cores suscitará dúvidas)? Ou se pretende, com essa escolha das cores, projetar uma imagem de nós mesmos, as contradições da nossa própria natureza; e as cores duplas não seriam expressão de nossa participação em dois âmbitos da existência? Só nos resta especular. Mas o certo é que as quatro figuras, com as cores que lhes foram dadas, documentam sua participação nos acontecimentos principais.

Teologicamente, essas considerações giram em torno do processo da transformação de Deus em homem ou, mais precisamente, em torno do fato de que a Mãe de Deus não se queima ao sobreviver ao fenômeno qualificado como "fogo". Do ponto de vista psicológico, trata-se aqui da realização do aspecto divino no homem, do surgimento de algo novo, desconhecido, em nós. Paulo diz a respeito desse processo — este trecho é de importância central para este livro — que é "Cristo que toma corpo em nós" (Gálatas 4. 19). Nós classificaríamos e viveríamos essa transformação em homem como o acontecimento mais profundo. C. G. Jung falaria num "si-mesmo constelado". E nesse contexto dever-se-ia falar tanto das experiências dos Padres da Igreja quando da experiência dos psicólogos de hoje, que sustentam que compreender a profundidade da própria existência chega às raias da percepção de Deus. Há quem diga que o reconhecimento de Deus sempre esteve ligado ao reconhecimento de nós mesmos. O aspecto consternador desse processo — e a respeito dele manifesta-se o nosso ícone — é que esse desenvolvimento só se dá em condições de gravíssimo perigo; um perigo que aqui é representado pelo fogo em brasa.

Nosso ícone também trata de assuntos ligados ao nascimento, mas está muito longe de ser um ícone do nascimento. Fala em renovar o nosso modo de ser, em transformar-se, fala na possibilidade de nos tornarmos outra pessoa. Por isso fala em fogo. Só no calor intenso o ferro pode ser transformado e chegar à forma desejada pelo seu criador. Forjá-lo não é uma finalidade em si; no seu novo formato o ferro terá de cumprir uma tarefa bem específica.

A fase intermediária entre depois da morte e antes da ressurreição é chamada pela Igreja de purgatório. Lá, a alma é purificada. Traduzida para o mundo do nosso desenvolvimento psíquico, a sarça ardente é o símbolo da força impulsora necessária para transformar nossa falta de vitalidade em vitalidade. Um purgatório dentro de nós mesmos!

Associo o texto do ícone à reflexão de que a transição agora descrita, embora seja um processo que pode ser experimentado, é contrário a qualquer lei e fora do alcance da razão. O que me ajuda a desenvolver esses pensamentos é a opinião de Jung de que o si-mesmo é o órgão com o qual percebemos o divino ou é um espelho que reflete Deus.

Que informações a linguagem metafórica das quatro figuras nos cantos do ícone poderiam nos transmitir sobre mudanças iminentes? Eis minhas propostas de interpretação: na imagem de Moisés, estou inclinada a ver um paralelo à Anunciação à Mãe de Deus, isto é, a representação do empolgante momento em que um homem percebe o sentido de sua vida e de sua tarefa, em forma de grave pressentimento. Na imagem do rebento (em Isaías) vejo o milagroso crescimento que se inicia sem o nosso conhecimento, depois que a semente do destino caiu em nós, à semelhança de um quadro da Anunciação, no qual a criança já aparece pairando no ar no momento em que o anjo ainda está falando. Ao olhar a tenra flor no topo do nosso ícone, à direita, estou inclinada a chamá-la de "saudade". Esta, para mim, é um estado de espírito sentimental forçosamente causado por reações internas, queiramos ou não. Parece que também Isaías está se entregando a esse devaneio. Na terceira imagem, no canto, vemos o que há pouco ainda era um tenro rebento, um sonho, que tomou corpo palpável na forma da escada: da saudade surgiu o relacionamento. Surgiu a ponte pela qual o divino pode nos alcançar. Naquela época, como hoje, o sonho se concretiza. A verdade é que os sonhos sempre são intermediários entre o mundo do espírito e o mundo do nosso cotidiano! Na quarta imagem, enfim, aparece na sua forma definitiva o recipiente no qual recebemos e podemos suportar a passagem do numinoso. Como uma casa de construção sólida, aqui, o Templo, nossas estruturas do "eu" e a nossa consciência devem resistir ao acontecimento perturbador de que fala o centro do nosso ícone.

Depois desse nosso primeiro "passeio", saímos do Antigo Testamento e, num novo "giro", entramos no círculo das pétalas da rosa. Observemos a borda finamente elaborada dessas pétalas; como é macia e graciosa! São oito pétalas; ainda nos ocuparemos do número oito. Nelas estão retratados anjos com diversos atributos. Como pude descobrir em outro ícone que tinha um texto descritivo, trata-se surpreendentemente dos anjos da cinza e da brasa, dos anjos do orvalho e da geada, dos anjos do frio e do gelo.[4] Há também o anjo da separação, quer dizer, da espada do juiz; o anjo do raio como o espírito do que queima; o anjo da voz como o espírito da razão (indicando o renascimento de Cristo). Também participam os anjos do trovão e o anjo do fogo. Este último, na função de espírito da sabedoria, indica que Deus quer assustar por meio do fogo e tormentos do inferno.

Essas figuras de Anjos com seus poderes lembram a idolatria da natureza praticada pelos povos eslavos; mas, pela sua linguagem metafórica, eles também comunicam que o crescimento do divino dentro de nós é ajudado pela colaboração de muitas forças naturais.

Na imagem da nossa rosa, distinguem-se campos mais claros, mais escuros e escuros, sendo que os escuros quase parecem asas que, pela sua enorme quantidade, criam no conjunto uma atmosfera quase que sinistra. Com certeza, a intenção é destacar asas, já que a lenda do nosso ícone diz: *Tu, que fazes dos ventos os teus mensageiros*.

O fenômeno do vento sugere também o fenômeno do espírito; voltaremos a este assunto depois. Essas asas escuras talvez façam com que a imagem, apesar de sua forte centralização e simetria, não seja estática, mas extremamente movimentada. As asas lembram o antiqüíssimo sinal da cruz suástica, que "sempre foi o símbolo de movimento provocado pela força do fogo, o qual, interminavelmente, produz formas e transformações. Quem se ocupa da cruz suástica e de sua dinâmica é posto em movimento, seja na direção das alturas, iluminadas, seja em direção do abismo".[5]

Voltamos agora à nossa rosa e ao seu simbolismo: "A rosa ocupa o primeiro lugar entre as flores que simbolizam a primavera. Os gregos derivam o nome da rosa da palavra *reein*, que quer dizer fluir, dado que a rosa emite uma verdadeira torrente de perfume, volatilizando sua própria essência de vida. Devido a isso, ela se torna o símbolo do amor que se esvai." A idéia do fluxo e da torrente pode ter ajudado a guiar o artista ao procurar uma expressão que se aproximasse o mais possível da polivalência do nosso ícone (nascimento e transformação do *Logos*). "As pétalas simbolizam a constante circulação do cosmos e a repetição de certos períodos de tempo. Assim, a rosa torna-se, também, imagem da eternidade. A rosa que se abre assume o sentido da misteriosa parábola da evolução e da gênese do homem."[6]

Menciono ainda a rosa lacustre ou a flor de lótus: "Ela é a imagem da criação do mundo a partir da água." Saem deles um buda ou um deus solar: "O belo mancebo que reluz sobre a flor de lótus. Nele estão ligados a brilhante luz solar a umidade das profundezas." Qualificação semelhante aplica-se também à nossa rosa, "a rosa mística da qual Jesus se irradia para nós" (*Akathistos*).

Giremos, agora, mais um pouco a espiral do ícone, o nosso suposto caminho, para dentro, e então perceberemos nesse momento, o mais tardar, que nem se pode falar de um caminho para dentro! Para dentro, não, mas para fora e para o alto vão o caminho e o movimento. Surpresos, descobrimos que estamos dentro de uma flor que está se abrindo; uma flor em cujo centro, igual a uma baga, forma-se a nova figura. Todo ícone é uma Epifania: algo aparece avançando sob uma pressão de baixo para cima, como pensamentos que sobem das profundezas da alma.

Depois que nos detivemos — em pensamento — sobre as pétalas da rosa e tivemos a experiência de ver a nova figura, o caminho nos conduz para uma nova camada, para uma zona "quente". Estamos no ponto onde começam os acontecimentos ardentes, onde cada fibra está tensa. O vermelho do fogo, do espírito, da pulsação da vida toma conta de nós. Chegamos ao quadrado ampliado dos símbolos dos evangelistas. Possivelmente, chegamos também à imagem que os babilônios tinham do mundo, pois deles vêm esses símbolos mais do que surpreendentes. Estes remontam à visão das quatro criaturas que Ezequiel viu durante seu exílio babilônico.

"Os babilônios imaginavam uma estrada para o céu em que os astros seguiam o seu caminho, como uma terra firme, em forma de dique, em torno do oceano celeste que sustenta as moradas dos grandes deuses. Nessa estrada quadrangular, está incrustrado o zodíaco, cujos pontos principais são os quatro cantos do cosmos, isto é, as constelações Homem (Aquário), 'Águia', 'Touro' e 'Leão' (Águia em lugar de Escorpião). Esses quatro signos são tidos como poderosos seres divinos que vigiam os pontos principais do mundo."[7] Como imagens comparáveis, citam-se obras da arte assírio-babilônicas. Trata-se de animais alados com rosto humano. Essas criaturas híbridas traduzem um acúmulo de capacidades que, na realidade, estão divididas entre diversos portadores.

Este ícone mostra, em cima, à esquerda, o Anjo (o Homem), símbolo do evangelista Mateus; em cima, à direita, a Águia, símbolo de João; embaixo, à direita, o Touro, símbolo de Lucas; e embaixo, à esquerda, o Leão, símbolo de Marcos.

De repente, paro no meu giro. Algo me obriga a ficar quieta. Girar me parece inadequado. O que me inibe? O quadrado? Algo irreversível me detém. Enfim, descubro que entrei no campo de tensão entre extremos opostos; opostos entre em cima e embaixo; entre céu e terra; entre o solto e o compacto; entre o alado e o preso à terra; entre espírito e matéria; pois em cima temos as criaturas aladas: Anjo e Águia; embaixo, o Leão e o Touro, presos à terra. Caso as quatro figuras simbólicas representem não só as estações do ano e a rosa-dos-ventos, mas também os quatro elementos, então torna-se cada vez mais evidente que uma violenta tensão desenvolve-se aí: um acúmulo expressivo de forças.

Chamemos rapidamente à lembrança quais forças podem atribuir-se aos símbolos dos Evangelistas:

Touro: força, vigor sexual, persistência;

Leão: poder, invencibilidade, vigilância, postura de rei;

Águia: acuidade visual, vôo alto, poder de percepção, captação;

Anjo: ente alado, inteligência, vontade, amor.

Verdadeiramente, uma extraordinária tensão vital!

Todos esses poderes devem estar em ação para constelar o novo princípio orientador. Traduzido para o nosso mais pessoal, minúsculo microcosmos interior, isso significa que poderíamos fazer a tentativa de incluir as quatro funções essenciais (segundo C. G. Jung): pensar, sentir, perceber (distinguir) e poder de premonição nestas quatro posições localizadas nos cantos do ícone como fatores capazes de trazer o novo e o que torna íntegro. Não me entendam mal: eu não identifico as funções elementares com os símbolos dos evangelistas, mas coloco-as na área intrapsíquica como forças analogamente antagônicas, às quais estamos sujeitos em processos psíquicos de transformação e que, ao mesmo tempo, são necessárias no sentido de uma tensão criadora. O quadrado teve influência inibidora sobre a continuação do "passeio" pelo nosso ícone. Na verdade, precisamos do número quatro para instalar uma ordem que permita orientar-nos. Quatro é um número que estabiliza, mas também paralisa, pois o equilíbrio entre os opostos nele contidos leva tudo a uma estagnação! Apenas um quinto elemento novo e transcendental, restabelecerá o movimento e o desenvolvimento continuado. Logo veremos como se forma o cinco que, diga-se de passagem, é o número de Cristo.

Ao quadrado vermelho, sobrepõe-se, agora, um segundo quadrado, mais escuro. Poder-se-ia ver no quadrado vermelho do Evangelista o princípio masculino chinês yang e, no escuro, o feminino, yin, para incluir na nossa interpretação — como já o fizemos antes — noções não-cristãs? Em todo caso, com essa sobreposição modificou-se o formato de ambos e o desejado número "cinco" surgiu na forma de uma estrela no centro "ardente" de onde sai uma vida nova.

Com sua fusão, os quadrados se transformaram em estrelas de oito pontas. "O número oito simboliza um reinício depois que algo terminou. O oitavo dia é o novo, o primeiro dia depois de decorridos os sete e, assim, torna-se o símbolo de uma nova criação. É o dia em que tudo começa de novo. O oito abriga o mistério do mundo futuro e o modelo da nova vida."[8] Portanto, o oito sugere o aperfeiçoamento com o novo germe inerente a ele. Talvez seja lícito dizer que o oito é o número que caracteriza o final de uma criação que já começa a evoluir.

Qualquer pessoa que tenha sofrido uma depressão em virtude de tendências e impulsos conflitantes de sua própria natureza, pressente que o próximo "giro" pelo nosso quadro será sombrio. Entramos na estrela escura. Ela ensombreia as nossas ações e os nossos pensamentos. A imagem, a expectativa de algo cheio de espinhos nos apanha. Somos jogados para as trevas do desconhecimento entregues a figuras e poderes não reconhecíveis. Conhecimentos e percepções afundam na penumbra do inexplorável. Obscuros anjos do destino entram no nosso caminho; sopra uma brisa fria. Lembramo-nos do ensinamento que dizia que os enigmas se tornam mais indecifráveis quanto mais nos aproximamos do divino. Não obstante, a parte escura dessa estrela é cheia de esperanças. Tons verdes acalmam-nos e despertam a impressão de plantas e de vegetação. O verde equilibra e tranqüiliza. É a cor do sistema nervoso vegetativo e da irrenunciável vontade de viver. Ao contemplar o quadro, vem-nos à mente a imagem da terra que respira. Vêem-se pequenas luzes. Anjos com fitas vermelhas nas mãos — ou serão raios de fogo? — fazem-nos compreender que eles, ali, na escuridão, têm a cumprir uma missão, uma obra imposta pelo destino.

Continuemos mais um pouco com as partes escuras da estrela... Por pouco não caio na tentação de dizer: entrem nela rastejando. Pois, de repente, ela não parece mais meramente uma camada sobreposta, mas transforma-se numa abertura que leva a uma escuridão interminável. Ou será que nos leva a Deus? Os campos vermelhos, em ambos os lados, transformam-se como que em cortinas puxadas para os lados por mãos invisíveis. O avassalador fenômeno da salvação aconteceu: o que ainda há pouco nos ameaçava com espinhos doloridos transformou-se enigmaticamente numa terra mãe quente e escura, do qual flor e fruto brotam intactos e perfeitos: como a Mãe com o seu Filho.

Se o leitor, por um momento, cerrar os olhos um pouquinho para diminuir a acuidade da visão, surgirá diante dele uma tulipa ou flor de papoula (vista lateral). Verá como elas se abrem e como o anjo sombrio, embaixo, se transformará numa haste que tudo carrega. As duas metades do círculo interno cercado por chamas transformam-se num cálice de flor, numa cápsula de sementes, que abrigam as sementes da nova vida. É maravilhoso ver como o artista nos faz acompanhar o processo de crescimento da planta a partir da profundeza.

Enfim, chegamos ao centro do quadro. Devemos, podemos falar sobre o círculo interior? Considero a intensa vida que palpita nesse centro literalmente consternadora, como se ali todas as forças divinas e humanas estivessem concentradas e protegidas pelo círculo de fogo. Sabemos que tudo o que está na mandorla continua sendo um segredo nunca revelado que o homem, como sucede com a imagem arquetípica, pode conhecer mas jamais explicar.

Tudo o que nos foi dado acompanhar, o desenvolvimento da estrela, da flor, da rosa que se abre, agora é completado com o aparecimento da *mater* ou da *materia*, de que nasce o espírito.

Eis uma magnífica explicação da noção do *Logos*, quando nos damos rapidamente conta do que significa *Logos* que não quer dizer somente "palavra", mas sobretudo desdobramento, desenvolvimento, desenrolar, definição, lei natural. Portanto, por *Logos* deve-se entender um processo dinâmico que se desenrola com a inevitabilidade e o poder de uma lei natural e para o qual não se pode encontrar uma imagem melhor do que a do nascimento. Não só um ponto ou um corpo começa a aparecer, mas inicia-se um novo e longo caminho. Eis a essência do conceito do *Logos*.

Que o leitor sinta, perceba e veja como desse centro, cheio de vida, brotam muitas criaturas e coisas, umas das outras:

Você está consciente de que algo imensamente precioso se formou de modo inexplicável dentro de você quando, nos seus sonhos, surge de figura da "nova criança"? A criança que jamais teríamos esperado e que, de certo modo, é contrária a qualquer lei? É uma criança interior, uma dádiva do espírito, um "acréscimo ao que já existia", da qual não sabemos de onde vem e para onde vai. Em vez da lei, o que age aqui é a graça divina. Em lugar da inércia interior, tudo se move. Pressentimos que essa criança, mais cedo ou mais tarde, imporá ao nosso cotidiano novas responsabilidades e novas obrigações.

Caso essa criança, que também se pode qualificar de "pérola", tenha-se desenvolvido dentro de você, talvez você se lembre em que condições de tensão, de compulsão espiritual, de sofrimento, de incompreensão, de estranheza aconteceu essa "invasão". Você deve se lembrar também da sensação de imensa felicidade que acompanhou? Caso você, nessa situação, para a necessária orientação estivesse em busca de uma imagem na qual estivesse encaixada a sua experiência — então se poderia pensar que você encontraria na rosa mística deste ícone uma imagem arquetípica que indicaria o caminho.

Mas o processo ainda não acabou. Observando a imagem mais atentamente, vê-se que a Mãe de Deus, quase invisivelmente, segura com a mão direita o pé do Filho, como que configurando um estribo e, ao fazer isso, traz para dentro do quadro uma terceira pessoa. Isso é surpreendente. A Mãe de Deus carrega Cristo nos braços, mas ao mesmo tempo sai de seu coração o Cristo como Sumo Sacerdote. O quadro mostra uma caverna dentro de uma rocha, em que, numa escada, o Sumo Sacerdote sobe, degrau por degrau.

Cristo é chamado de "Sumo Sacerdote à semelhança de Melquisedeque (Hebreus 7. 15-17); um sacerdote constituído, não segundo a regra de uma prescrição carnal... mas de acordo com o poder de uma vida imperecível"; ou (conforme Hebreus 7. 3) um sacerdote sem pai, sem mãe, sem genealogia; sem princípio de dias nem fim de vida". É importante, aqui, ter presente a situação do Sumo Sacerdote. A ele cabia supervisionar tudo o que se referia ao Templo, ao culto e ao sacerdócio. Ele era obrigado a oferecer o sacrifício de expiação pelos seus próprios pecados e também pelos pecados do povo. Era sacerdote e rei ao mesmo tempo, líder religioso e político concomitantemente. Só ele podia entrar no *Sancta Sanctorum* do Templo sem risco de vida, se estivesse usando a vestimenta completa, isto é, só em cumprimento do seu ofício.

Em termos de imagem interior, e falando muito banalmente, o Sumo Sacerdote seria aquela instância dentro de nós que cuida da relação com Deus ou a estabelece. Deixarei aqui de explicar tudo o que a figura do Sumo Sacerdote implica em termos psicológicos. Limito-me a indicar, mais uma vez, que C. G. Jung qualifica Cristo como símbolo do arquétipo do si-mesmo. O si-mesmo é nós mesmos, o nosso âmago mais profundo, toda a nossa pessoa. Então precisamos perguntar se o sacerdote é a imagem daquilo que poderia constituir "Cristo dentro de nós" (conforme Gálatas 4. 19).

O pequeno tamanho deste detalhe no quadro sugere que também é pequena a nossa chance de chegar a esse estágio de espiritualização ou, usando a terminologia ortodoxa, este estágio da integração no divino. Sim, a meta e a finalidade de cada ícone é servir à causa da absorção do divino pelo homem e manter perante nossos olhos, por meio de imagens enigmáticas, os padrões fundamentais de valor a considerar. No nosso ícone, estão balizadas metas muito elevadas. Impressiona-nos o fato de o Sumo Sacerdote, no quadro, sair de dentro de uma rocha. Evidentemente, essa mudança interior de criança divina para Sumo Sacerdote equivale a uma renascimento; ela parece ser de um rigor inusitado pois, na imagem, rompe a rocha. Seria uma alusão à ressurreição? Pois esta é comparada também à centelha que o homem produz batendo uma pedra na outra.

Aqui vêm à tona todos aqueles trechos da Bíblia que dizem que o nosso corpo — isto é, nós mesmos — pode tornar-se Templo do Senhor, e também outros trechos segundo os quais todo homem é "sacerdote", isto é, deveria concretizar o sacerdócio em si mesmo. Cito, a seguir, alguns desses trechos:

I Coríntios 3. 17   *... pois o templo de Deus é santo, e esse templo sois vós...*

I Coríntios 6. 19   *Ou não sabeis que o vosso corpo é o templo do Espírito Santo que está em vós e que recebestes de Deus.*

João 2. 21   *...ele, porém, se referia ao templo do seu corpo (que ele levantaria em três dias).*

Pode-se acrescentar que a Igreja Oriental exalta a Mãe de Deus em inúmeros hinos chamando-a de "tenda" ou "templo"!

Sobre o sacerdócio interior manifestam-se, por exemplo:

I Pedro 2. 5   *Do mesmo modo, também vós, como pedras vivas, constituí-vos em um edifício espiritual, dedicai-vos a um sacerdócio santo.*

Apocalipse 1. 6   *... que nos constituiu sacerdotes para Deus.*

Êxodo 19. 6   *... vós sereis para mim um reino de sacerdotes.*

É preciso lembrar que no Antigo Testamento tratava-se do *encontro* do homem com Deus; da idéia, por exemplo, de que Deus está presente no Templo. No Novo Testamento, porém, anuncia-se a *união* de Deus com o homem. Uma afirmação incrível! Ela se torna um pouco mais compreensível quando a imaginamos como o desenvolvimento e a existência de um componente que vai além da nossa alma.

Como acontece tudo isso? Perguntaremos. Sim, como acontece? Foi Maria que, representando todos nós, formulou essa pergunta, tão assustada como nós ficaríamos diante dessa possibilidade.

Refiro-me outra vez aos dois quadrados que se unem no ícone para formar uma estrela. Em conseqüência da união dos opostos representados pelo quadrado vermelho cor de fogo e pelo quadrado escuro e úmido, surge, no centro, um foco que faz nascer o "novo". Igual à cruz onde, pelo doloroso encontro de duas traves opostas, acontece o essencial — a transformação do homem Jesus em Cristo.

Nosso ícone, é verdade, não mostra uma cruz, mas uma estrela aberta, repousando sobre pétalas de rosa. Espero que me perdoem se eu vejo nisso, sempre do ponto de vista psicológico, uma variante "feminina" da cruz "masculina". Daí surge dentro de mim a vontade de perguntar se esse processo se desenrola de modo diferente na mulher e no homem. Pelo nosso ícone, quero crer que sim.

Ao finalizar minhas considerações, acho que pude transmitir algo da inesgotável riqueza do ícone da sarça ardente, mas outro tanto ficou para ser dito. Como o crente, com novos problemas, novos pensamentos e novas orações sempre volta ao seu ícone, também nós sempre voltamos a contemplá-los. Qualquer interpretação não passa de uma tentativa incompleta e condicionada pelo tempo. Que o caráter fragmentário e subjetivo dos meus esforços sirva para estimular ainda mais a vontade investigadora de minhas leitoras e de meus leitores!

Resumindo, eu gostaria de repetir que fiz questão de ilustrar a evolução daquilo que representa o nosso campo mais íntimo de forças, o âmago ardente, a imagem de Deus, a mais bela rosa, o sentido da vida. Num conflito intenso, ele progride dentro e fora de nós. Essa evolução brinda-nos com a experiência de ver que a nossa própria roda da vida gira acompanhando o grande relógio da hora mundial e de compreender que estamos entrosados em ordens superiores, de forma semelhante à rosa, que está pairando entre a lei e a graça de Deus.

Precisamos confessar humildemente que o ícone que está diante de nós transcende de longe as nossas experiências pessoais, individuais, e marca nada menos do que o início de uma nova era. Ele encerra a proposta, a exigência de garantir às pessoas a sua dignidade e na medida em que se torna humano, reconhecer-lhes a vida e a dignidade divinas.

Estaremos vivendo de acordo com essas conclusões?

"Jamais tornará a acontecer o que aconteceu à Virgem. Mas, de acordo com essa imagem arquetípica, o que acontecer contará com a graça divina", pois... "Maria representa a Lei da Graça".[9]

Quando recebeste Deus em teu colo, ó Virgem, do Espírito Santo altíssimo, o fogo não te queimou:

A sarça que não se consumiu no fogo revelou claramente, e antecipadamente, ao legislador Moisés que tu és aquela que acolheu em si, incólume, o fogo difícil de suportar.[10]

Theotokion

Alegra-Te, monte santo, pelo qual Deus trilhou,
alegra-Te, sarça viva que as chamas não queimaram,
alegra-Te, única ponte do mundo que leva a Deus, que conduz os mortais para a vida eterna,
alegra-Te, noiva pura, que não conhecias homem
e deste à luz a salvação de nossas almas.[11]

Apêndice

NOTAS

Prefácio

1. C. G. Jung, *Erinnerungen, Träume und Gedanken* [*Recordações, Sonhos e Pensamentos*], p. 416, publicado por Aniela Jaffé, Olten, 1987.
2. Paul Evdokimov, *Die Frau und das Heil der Welt* [*A Mulher e a Salvação do Mundo*], p. 74, Munique, 1960.
3. C. G. Jung, *op. cit.*, p. 411.
4. Idem, *op. cit.*, p. 410.
5. Idem.
6. Idem, Aion, *in Gesammelte Werke* [*Obras Completas*], vol. 9/2, p. 47.
7. Paul Evdokimov, *L'Art de Icône – Theologie de la Beauté* [*A Arte do Ícone – Teologia da Beleza*], p. 191, Paris, 1970.
8. Paul Klee, de um artigo de jornal.
9. Konrad Onasch, *Die Ikonenmalerei* [*Iconografia*], p. 80ss, Leipzig, 1967; em relação à imagem da Múmia, cf. também, Hilde Zaloscer, *Vom Mumienbild zur Ikone* [*Da Imagem da Múmia até o Ícone*], Wiesbaden, 1969.
10. Konrad Onasch, *op. cit.*, p. 13ss.
11. Paul Klee, de um artigo de jornal.
12. Konrad Onasch, *op. cit.*, p. 59ss.
13. Idem, *op. cit.*, p. 56ss.
14. Idem, *op. cit.*, p. 22.
15. Idem, *op. cit.*, p. 19.
16. Paul Evdokimov, *Die Frau und das Heil der Welt* [*A Mulher e a Salvação*], p. 211.
17. Konrad Onasch, *op. cit.*, p. 20.
18. Ibidem.

19. C. G. Jung, *Analytische Psychologie und dichterisches Kunstwerk* [*Psicologia Analítica e Obra Poética*] *in* Gesammelte Werke [*Obras Completas*], vol. 15, p. 94.

A Concepção de Santa Ana

1. E. Hennecke e W. Schneemelcher, *Neutestamentliche Apokryphen*, p. 280ss, Tübingen, 1959.
2. Lothar Heiser, *Maria in der Christus-Verkündigung des orthodoxen Kirchenjahres* [*Maria na Anunciação de Cristo no Ano Eclesiástico Ortodoxo*], p. 64, Trier, 1981.
3. *Kontakion* = estrofe que encerra a série dos *troparions*; na verdade, significa "haste" (*kontax*) em torno da qual se enrolavam pergaminhos com textos.
4. *Kontakion* para o dia 9 de dezembro, de N. Edelby, *Liturgikon* (Livro litúrgico da Igreja Oriental), p. 711, Recklinghausen, 1973.
5. *Apolytikion* para o dia 9 de dezembro *Horologion* 298. Cf. com L. Heiser, *op. cit.*, p. 64. *Apolytikion* = *Troparion* principal do ritual, com o qual se encerram ofícios das vésperas e das missas.
6. *Horologion* 244 *in* L. Heiser *op. cit.*, p. 65. *Horologion* = Manual de orações da Igreja Ortodoxa.

O Nascimento de Maria

1. L. Heiser, *op. cit.*, p. 76.
2. *Troparion* é um texto poético breve. Cada festa tem o seu *troparion* ou *apolytikion* principal (da palavra grega *tropos*, que significa tom).
3. Todos os hinos citados até aqui são de N. Edelby, *op. cit.*
4. De *Idiomelon zur Liti* [*Idiomelon a Liti*], Menaion, setembro de 1979. Cf. L. Heiser, *op. cit.*, p. 83.

Apresentação de Maria no Templo

1. Cf. L. Ouspensky/W. Lossky, *Der Sinn der Ikonen* [*O Sentido dos Ícones*], p. 157, Bern-Olten, 1957.
2. Ibidem.
3. *Horologion* 287, *in* L. Heiser, *op. cit.*, p. 97.

A Mãe de Deus – Sinal de que Fala o Profeta Isaías

1. Hymnos Akathistos, das Geheimnis der Gottesmutter [*Hinos Akathistos, o Segredo da Mãe de Deus*]. Traduzido do grego por E. M. Zumbroich, Gaildorf, 1981.

A Anunciação

1. E. Hennecke e W. Schneemelcher, *op. cit.*, p. 284.
2. Dorothea Forstner, *Die Welt der Symbole* [*O Mundo dos Símbolos*], Innsbruck-Viena-Munique, 1961.
3. Dorothea Forstner, *op. cit.*
4. Johannes Itten, *Kunst der Farbe* [*A Arte da Cor*], p. 135, Ravensburg, 1961/1973.
5. Paul Evdokimov, *Die Frau und das Heil der Welt* [*A Mulher e a Salvação do Mundo*], p. 61.
6. K. Kirchhoff, *Hymnen der Ostkirche* [*Hinos da Igreja Oriental*], p. 207, Münster, 1979.

O Nascimento de Cristo

1. E. Hennecke/W. S. Schneemelcher, *op. cit.*, vol.1, Tübingen, 1959.
2. Efraim, líder da Igreja síria, citado conforme L. Heiser, *op. cit.*, p. 22.
3. Os trabalhos citados no contexto é esta fórmula patrística da cristologia de L. Heiser, *op. cit.*, p. 58 e 171.
4. Lucas 2. 23-24 e Moisés 12. 1-8.
5 Gregório Nisseno, fonte desconhecida.
6. *Stichiron* da Véspera de Natal, *in* L. Ouspensky/W. Lossky, *op. cit.*, p. 159.
7. *Kontakion in* N. Edelby, *op. cit.*
8. De L. Heiser, *op. cit.*, p. 175.
9. De L. Heiser, *op. cit.*, p. 174.

A Mãe de Deus Amamentando

1. Do *Akathistos Hymnos, in Das Geheimnis der Gottesmutter* [*O Segredo da Mãe de Deus*], traduzido do grego por M. Zumbroich, Gaildorf.
2. De diversos hinos.
3. D. Forstner, *op. cit.*, p. 434ss.
4. *Akathistos, op. cit.*
5. K. Kirchhoff, *op. cit.*, p. 162.

A Apresentação

1. *Kiborion* = casca de fruta ou fruto, copo; em latim, *ciborium* = cobertura de altar em forma de baldaquim onde estava pendurado a âmbula para as hóstias.
2. N. Edelby, *op. cit.*, p. 807.
3. Ibidem.

Cristo, o Olho que Não Dorme

1. Gênesis 49. 9, "Agacha-se, deita-se como um leão, como uma leoa; quem o libertará?"
2. K. Onasch, *Liturgie und Kunst der Ostkirche in Stichworten* [*Liturgia e Arte da Igreja Oriental em Palavras-chave*], p. 73, Leipzig, 1981.
3. *Osterjubel der Ostkirche*], p. 351. Traduzido por K. Kirchhoff, publicado por J. Madey, Münster, 1988.

O Cristo que Sofre Interiormente

1. K. Kirchhoff, *Die Ostkirche Bebet* [*A Igreja Oriental Ora*], p. 211.
2. K. Kirchhoff, *Hymnen der Ostkirche* [*Hinos da Igreja Oriental*], p. 153.
3. Fonte desconhecida.

Ensinamentos da Mãe de Deus

1. I. Bentchev, *Handbuch der Muttergottes-Ikonen Russlands* [*Catálogo dos Ícones da Mãe de Deus na Rússia*], Bonn-Bad Godesberg, 1985.
2. Ver também A. Ebbinghaus, *Die Altrussischen Marienikonen-Legenden* [*Lendas sobre os Ícones de Maria na Rússia Antiga*], p. 176, Wiesbaden-Berlim, 1990.
3. *Besednyi* = ensinamento.
4. *Troparion* dedicado a 26 de junho, *in* N. Edelby *op. cit.*, p. 1021.

Deesis – Intercessão

1. Também arquetípico da ordem, *in* C. G. Jung, *Träume, Erinnerungen und Gedanken* [*Sonhos, Recordações e Pensamento*], p. 415.
2. Ou como receptáculo da graça divina, *in* C. G. Jung, *Briefe* [*Cartas*], vol. 1, p. 432.
3. Ibidem, vol. 3, p. 251.
4. Ibidem, vol. 2, p. 251.
5. Comparar com várias passagens da Bíblia que usam a palavra *krazo*, referindo-se ao grito das profundezas da alma. Por exemplo, João 1. 15, Isaías 6. 3ss, Mateus 27. 50, Romanos 8. 15 e Lucas 1. 42.
6. N. Thon, *Ikone und Liturgie* [*Ícone e Liturgia*], p. 179, Trier, 1979.
7. K. Onasch (org.), *Altrussische Heiligenleben* [*Vidas de Santos da Rússia Antiga*], p. 53, Viena, 1978.
8. P. Evdokimov, *Die Frau und das Heil der Welt* [*A Mulher e a Salvação do Mundo*], p. 54.
9. C. G. Jung, conforme anotação 2.
10. Todos os hinos de L. Heiser, *op. cit.*, pp. 336, 341, 356, 357.

A Mãe de Deus Conversando com João, o Teólogo

1. O. Karrer (org.), *Maria in Dichtung und Deutung* [*Maria em Poesia e Interpretação*], p. 375, 1962.
2. J. Itten, *op. cit.*, p. 135.
3. Ibidem.
4. C. G. Jung, *Briefe* [*Cartas*], vol. 3, p. 328. (Carta de 12.8.1960).

194 MARIA

5. Efraim, o Sírio, *Lobgesang aus der Wüste* [*Hino do Deserto*], p. 73, Freiburg e Breisgau, 1967.

O Pranto da Virgem

1. R. M. Rilke, *Gesammelte Werde* [*Obras Completas*], vol. 1, p. 677, Frankfurt, 1955.
2. L. Heiser, *op. cit.*, p. 279.
3. L. Heiser, *op. cit.*, p. 275.
4. N. Edelby, *op. cit. Troparion des Joseph von Arimathia* [*Troparion* de José de Arimatéia, p. 175.
5. Epitáfio citado.
6. Lucas 22. 61-62.
7. L. Heiser, *op. cit.*, p. 276.

As Santas Mulheres no Túmulo

1. N. Edelby, *op. cit.*, p. 175.
2. Ibidem, p. 158.
3. Silja Walter vive como Irmã de Maria Hedwig, OSB, no Convento Fahr, nas proximidades de Zurique.
4. D. Sölle, *Atheistisch an Gott glauben* [*Ateus que Acreditam em Deus*], p. 84, Olten, 1968.
5. Cf. L. Heiser, *op. cit.*, p. 282.
6. Citado *in* L. Heiser, *op. cit.*, p. 282.
7. Citado *in* L. Heiser, *op. cit.*, p. 286.
8. Ibidem.
9. Citado *in* L. Heiser, *op. cit.*, p. 287.
10. D. Forstner, *op. cit.*, p. 210: "*Balsama me capiunt, haec sunt unguenta virorum.*"
11. *Pentekostarion* 16.
12. N. Edelby, *op. cit.*, p. 158.
13. Aqui a referência é à sentença de morte imposta a Adão e aos seus descendentes.

A Morte de Maria

1. L. Heiser, *op. cit.*, p. 296.
2. L. Heiser, *op. cit.*, p. 302.
3. Ibidem.
4. L. Heiser, *op. cit.*, p. 299ss.
5. L. Heiser, *op. cit.*, p. 302.
6. N. Edelby, *op. cit.*, p. 976.
7. Trechos dos hinos dedicados à morte de Maria. Traduzido do grego pelo padre Irenäus Totzke, da Abadia beneditina de uma localidade chamada Niederaltaich. (Não existem outros dados.)

A Mãe de Deus, Sarça que Não se Consome

1. Outra interpretação *in* A. v. Maltzew, *Oktoich der Ostkirche* [*Oktoich da Igreja Ortodoxa*], p. 1035, Berlim, 1899. *Oktoich* quer dizer: *O livro de Oito Tons.*
2. N. Edelby, *op. cit.*, p. 119.
3. J. Tyciac, *Theologie in Hymnen* [*Teologia em Hinos*], p. 70, Trier, 1973.
4. Agradeço ao professor Goltz de Halle/S, por esta informação.
5. A. Rosenberg, *Kreuzmeditation* [*Meditações a Respeito da Cruz*], p. 50, Munique, 1976.
6. D. Forstner, *op. cit.*
7. D. Forstner, *op. cit.*, pp. 311-14.
8. D. Forstner, *op. cit.*, p. 54.
9. E. Walter *in Maria in Dichtung und Deutung* [*Maria na Poesia e na Interpretação*], p. 67, Zurique, 1962.
10. A. v. Maltzew, *op. cit.*, p. 998.
11. *Osterjubel der Ostkirche* [*Júbilo Pascal da Igreja Oriental*], *op. cit.*, p. 352.

Referências Bibliográficas

Areopagita, Dionísio. *Mystische Theologie und andere Schriften* [*Teologia Mística e Outros Escritos*], Munique, 1956.

Benz, E. *Russische Heiligenlegenden* [*Lendas de Santos da Rússia*], Zurique, 1953.

Campenhausen, H. von. *Griechische Kirchenväter* [*Líderes Eclesiásticos Gregos*]. Urban Tb. vol. 14, Stuttgart, 1961.

Ebbinghaus, A. *Die altrussischen Marienikonen-Legenden* [*Lendas dos Ícones de Maria na Rússia Antiga*]. Instituto da Europa Oriental junto à Universidade Livre de Berlim. Publicações Eslavas, vol. 70, Wiesbaden/Berlim, 1990.

Edelby, N. *Liturgikon, Messbuch der byzantinischen Kirche* [*Livro de Liturgias da Igreja Bizantina*]. Recklinghausen, 1967.

Efraim, o Sírio. *Lobgesang aus der Wüste* [*Hinos do Deserto*]. Sophia, vol. 7, Trier, 1967.

Evdokimov, P. *Christus im russischen Denken* [*Cristo no Pensamento Russo*]. Sophia, vol. 12, Trier, 1977.

Idem. *Die Frau und das Heil der Welt* [*A Mulher e a Salvação do Mundo*]. Munique, 1960.

Felizetti-Liebenfels, W. *Geschichte der russischen Ikonenmalerei* [*História da Iconografia Russa*]. Graz, 1972.

Florenskij, P. *Die Ikonostase. Urbild und Grenzerlebnis im revolutionären Russland* [*A Iconostase. Imagem Arquetípica e Experiência Limítrofe na Rússia Revolucionária*]. Stuttgart, 1988.

Forstner, D. *Die Welt der christlichen Symbole* [*O Mundo dos Símbolos Cristãos*]. Innsbruck-Viena, 1977.

Gimbutas, M. *The Goddesses and Gods of old Europe. Myths and Cult Images* [*As Deusas e os Deuses da Europa Antiga. Mitos e Imagem de Cultos*]. Londres, 1982.

Idem. *The Slavs* [*Os Eslavos*]. Londres, 1971.

Heiser, L. *Die Engel im Glauben der Orthodoxie* [*Os Anjos na Fé Ortodoxa*]. Sophia, vol. 13, Trier, 1976.

Idem. *Maria in der Christus-Verkündigung des orthodoxen Kirchenjahres* [*Maria na Anunciação do Cristo no Ano Eclesiástico da Igreja ortodoxa*]. Sophia, vol. 20, Trier, 1981.

Itten, J. *Kunst der Farbe. Subjektives Erleben und objektives Erkennen als Wege zur Kunst* [*A Arte da Cor. Experiência Subjetiva e Percepção Objetiva como Caminhos para a Arte*]. Ravensburg, 1973.

198 MARIA

Jung, C. G. *Gestaltungen des Unbewussten* [*Configurações do Inconsciente*]. Zurique, 1950.

Idem. *Symbolik des Geistes. Studien über psychische Phänomenologie* [*O Simbolismo do Espírito. Estudos sobre a Fenomenologia Psíquica*]. Zurique, 1948.

Idem. *Von den Wurzeln des Bewusstseins. Studien über den Archetypus* [*Sobre as Raízes do Consciente. Estudos sobre o Arquétipo*]. Zurique, 1954.

Kirchhoff, K. *Die Ostkirche betet* [*A Igreja Oriental Ora*]. Münster, 1960.

Idem. *Hymnen der Ostkirche* [*Hinos da Igreja Oriental*]. Münster, 1979.

Malerbandbuch des Malermönches Dionysios vom Berge Athos [*Manual do Monge-pintor Dionísio do Monte Athos – Instruções para Pintar Quadros*]. Instituto Eslavo, Munique, 1960.

Menges, H. *Die Bilderlehre des hl. Johannes von Damaskus* [*Técnica para Pintar Quadros, de São João Damasceno*]. Kallmünz, 1937.

Onasch, K. *Die Ikonenmalerei. Grundzüge einer systematischen Darstellung* [*A Iconografia. Bases de uma Representação Sistemática*]. Leipzig, 1968.

Idem. *Ikonen* [*Ícones*]. Gütersloh, 1961.

Idem. *Liturgie und Kunst der Ostkirche in Stichworten, unter Berücksichtigung der Alten Kirche* [*Liturgia e Arte da Igreja Oriental em Palavras-chave, Inclusive da Velha Igreja*]. Leipzig, 1981.

Ouspensky, L./Lossky, Wl. *Der Sinn der Ikonen* [*O Sentido dos Ícones*]. Bern-Olten, 1952.

Russische Volksmärchen [*Lendas Populares Russas*]. Düsseldorf-Colônia, 1959.

Solouchin, W. *Schwarze Ikonen. Ich entdecke das verborgene Russland* [*Ícones Negros. Descubra a Rússia desconhecida*]. Munique-Salzburgo, 1978.

Spitzing, G. *Lexikon byzantinisch-christlicher Symbole* [*Enciclopédia de Símbolos Bizantinos-cristãos*]. Düsseldorf-Colônia, 1989.

Schneemelcher W. (org.). *Neutestamentliche Apokryphen* [*Apócrifos do Novo Testamento*], vol. 1. Tübingen, 1987.

Schultz, H. J. *Die byzantinische Liturgie. Vom Werden ihrer Symbolgestalt* [*A Liturgia Bizantina. Sobre o Desenvolvimento de sua Forma Simbólica*]. Sophia, vol. 5, Freiburg, 1964.

Thon, N. *Ikone und Liturgie* [*Ícone e Liturgia*]. Sophia, vol. 19, Trier, 1979.

Trubetzkoy, E. *Die religiöse Weltanschauung der altrussischen Ikonenmalerei* [*A Cosmovisão Religiosa da Iconografia da Rússia Antiga*]. Paderborn, 1927.

Zaloscer, H. *Die Kunst im christlichen Ägypten* [*A Arte do Egito Cristão*]. Viena-Munique, 1974.

Idem. *Vom Mumienbildnis zur Ikone* [*Do Retrato da Múmia ao Ícone*]. Wiesbaden, 1969.

Zenkovsky, S. A. (org.). *Aus dem alten Russland. Epen, Chroniken und Geschichten* [*Da Velha Rússia. Epopéias, Crônicas e Histórias*]. Munique, 1968.

Fontes das Ilustrações

21 *A Concepção de Santa Ana.* Russo, fim do século XVI, 32 x 27 cm. Tinta preparada com emulsão de gema de ovo e aplicada sobre madeira. Museu de Ícones, Recklinghausen (nº de inventário: 85).

29 *O Nascimento de Maria.* Russo (Moscou), século XVII. Propriedade particular. Foto: Berghaus Verlag, Kirchdorf.

35 *Apresentação de Maria no Templo.* Norte da Rússia, fim do século XVI, Museu dos Ícones, Recklinghausen (nº 88).

43 *A Mãe de Deus — Sinal de que Fala o Profeta Isaías.* Russo, fim do século XVI, 24 x 29,5 cm. Propriedade particular, Paris.

49 *A Anunciação.* Russo, século XVI, 43,5 x 53,5 cm. Museu dos Ícones, Recklinghausen (nº 797).

61 *O Nascimento de Cristo.* Russo (Moscou), fim do século XVI, 25,3 x 19,3 cm. Propriedade particular.

75 *A Mãe de Deus Amamentando.* Russo, século XVI, 32 x 27,5 cm. Tinta preparada com emulsão de gema de ovo e aplicada sobre madeira. Moldura de chapa de prata. Museu dos Ícones, Recklinghausen (nº 66).

81 *Apresentação de Jesus no Templo.* Escola Cretense, fim do século XVII, coleção do dr. S. Amberg, Kölliken, Suíça. Foto: copyright Buch-Kunztverlag Ettal (nº 74029).

91 *Cristo, o Olho que Não Dorme.* Russo, meados do século XVI (moldura de prata, século XVII), 31,7 x 26,2 cm. Tinta preparada com emulsão de gema de ovo e aplicada sobre madeira. Museu dos Ícones, Recklinghausen (nº 16).

97 *O Cristo que Sofre Interiormente.* (Santa Paraskewa) Ktima, próximo a Paphos, Chipre.

103 *Ensinamentos da Mãe de Deus.* (referência ao sacristão Jurij). Russo, século XVI, 32 x 27 cm. Moldura de prata. Antigamente encontrava-se no Castelo de Wijenburgh, Echteld, Holanda.

111 *A Mãe de Deus com João o Precursor.* Russo, século XV, dois detalhes de um ícone tripartido, com 115 x 47 cm, respectivamente. Galeria Tretjakow, Moscou.

121 *Deesis — Intercessão.* Parte de um ícone sobre a ressurreição de Cristo. Creta, século XVII. Painel de madeira. Igreja de Santa Catarina, Heraclion.

125 A *Mãe de Deus Conversando com João, o Teólogo.* Bizantino, século XVI, 80 x 60 cm. Galeria Nacional de Sofia.

133 A *Mãe de Deus Conversando com o Filho Morto (O Pranto da Virgem).* Século XII, afresco na igreja de Panteleimon de Nerezi, próximo a Skopje.

141 As *Santas Mulheres no Túmulo* (Portadoras da Mirra). Russo, Escola A. Rubliov, século XV. Convento da Trindade de São Sérgio, Moscou.

157 A *Morte da Mãe de Deus.* Russo, século XV, 113 x 88 cm. Galeria Tretjakow, Moscou.

171 A *Mãe de Deus, Sarça que Não se Consome.* Russo, século XVIII, 26 x 31 cm. Propriedade particular, Zurique.